JN106502

心理カウンセラーが教える「がんばり過ぎて疲れてしまう」がラクになる本

廣川進／松浦真澄 編

Discover

はじめに

私たちは社会の一員として、さまざまに折り合いをつけながら日常生活をおくっています。それは職場、家庭や地域などにおいて、周りに合わせながら自分の役割や責任を果たしている、ということでもあります。そのような生活には、少なからず「がんばる」ことが含まれています。

周りの状況に合わせて「がんばり」続けることは、時に、自分の気持ちを抑えることや我慢することを伴います。〝和を尊ぶ〟ことが美徳とされる日本社会では、そのような振る舞いが歓迎され（あるいは教育され）、私たちの考え方や振る舞い方に影響を及ぼしています。そうした価値観は私たちの生活に染みわたっていて、いちいち「和を尊ぼう」と意識されることはほとんどありません。個々人によって程度の差はありますが、多くの方がそのように振る舞うことで社会が成り立っている、という側面もあるのでしょう。

ですが、現代に生きる私たちは、のんびりとリフレッシュしたり、気ままに息抜きをする機会がないままに、日常をおくっているところがありそうです。つまり、リラックスして・自分のペースで・やりたいように過ごすことよりも、努力をして・周りに合わせ・期待や責任に応えることの方が圧倒的に多いのではないでしょうか。そうした行動パターンは習慣化され、我慢をしてがんばることが当たり前の状態になる可能性があります。

もちろん、それ自体が悪いことであるとは限りません。むしろ日常生活をおくるうえでは、役に立つことでもあるのでしょう。ただし、いくつかの条件が重なると困ったことも起こります。たとえば、〝いつも疲れている〟、〝気持ちが張りつめている〟、〝心配事はあるけれど意欲がついてこない〟、〝食欲がわかない（あるいは食べ過ぎる）〟、〝イライラして落ち着かない〟、などの不調が現れることがあります。もしかすると、そんな状態も〝当たり前〟という感覚になるかもしれません。

このような状態を表す「過剰適応」という概念があります。「自分の都合よりも周りを優先させ、無理をしながらもがんばっている」などの意味で用いられます（詳しくは第1章をご覧ください。また、10～17ページに「過剰適応傾向」自己診断テストを掲載しています）。

筆者らが企業などの健康管理業務に関わっていると、まさに「過剰適応」な状態の方にお会いすることがとても多いのです（＊本書は、職場の健康管理やメンタルヘルス支援に従事する心理カウンセラー〔公認心理師・臨床心理士〕や産業医が執筆しています）。

もちろん、実情は人それぞれです。たとえば、もともと真面目で几帳面なところがあり、何事もきっちりと果たしたい、というタイプの方もいらっしゃいます。お仕事の内容や役割上の責任などから、過度に緊迫した状態でがんばらざるを得ない立場の方や、経済的な状況やご家庭のご事情などのために〝無理をしているのは自分でもわかっている〟けれど、それでもがんばることを選択されている方も多くいらっしゃいます。

彼らの多くは、周囲からの期待や評価を意識して、できる限り完璧に近い形でそれに応えようとしています。しかも、周りに負担や迷惑を掛けないように気を配っています。そして、〝このくらいのがんばりは当然だ〟、〝まだ努力が足りない〟、〝こんな成果では不十分だ〟と考えていて、もっと自分を追い込み奮い立たせる必要がある、とがんばり続けています。

このような「過剰適応」について、心理学では、さまざまな角度から理論的な説明がなされ、対処や解決の方法が多数検討されています。本書では、ひとつの理論に偏ることのないよう、複数の専門家が執筆を担当・検討し、説明や紹介・提案をしていきます。

まず、第1章・2章では、心理学が「過剰適応」をどのように考えているのかを説明していきます。そもそもの「適応」の意味を再確認し、「過剰適応」のメカニズムに関する考え方、背景にあると想定されるさまざまな要因について、例を挙げながら説明されます。

世の中の経済状況や雇用制度の変化、日本文化など、個人の「心」以外の観点からも、「過剰適応」の理解を深めていきます。いろいろな角度から理論的に捉えてみることで、私たちの「過剰適応」の輪郭がつかめてくることと思います。

第3章から第5章では、「過剰適応」に変化をつくっていくためのエクササイズを段階的に進めていきます。その方法については、〝がんばり過ぎて疲れて〟いる3名の登場人物の取り組みを紹介しながら説明がなされています。まず、第3章（第1段階：「過剰適応の状況を整理する」・第2段階：「過剰適応を捉え直す」）では、過剰適応をこれまでとは異なった観点で捉え直すことからスタートしていきます。

第4章（第3段階：「自分をケアする」）は、自分をケアするためのエクササイズです。周りに合わせ続けることで、疲れ・傷ついている自分自身の心や体をいたわっていく習慣をつくっていきます。第5章（第4段階：「過剰適応に働きかける」）では、「過剰適応」な状態や行動パターンに働きかけていくための方法が書かれています。

これらのエクササイズは、身体をリラックスさせる一般的なものからオマジナイのような方法まで、好みや生活状況に合わせて選択できるよう、字数が許す範囲で幅広く紹介されています。

第6章では、「過剰適応」により体調を崩した方たちが、カウンセリングなどを通して回復し、職場にあらためて適応していく過程が紹介されます。一時的に休養（休職）してから円滑に職場復帰する段階についても語られています。「過剰適応」について、そしてそこから「ラクになる」ことについて、理論的にも感覚的にも理解が深まり、ご自身をあらためて振り返り今後の変化を進めていくうえで有益な情報になると思います。

第7章では、〝がんばり過ぎ〟な方を心配している、身近な周囲の人物に向けた内容です。職場の上司や家族の方たちが、どのように関わっていくのがよいか、具体的な例を挙げながら解説されます。実際に、周りの環境や関わり方が少し変わることで、当人の「過剰適応」も次第に変化していくことが多くあります。〝自分が過剰適応なのであって、周りにはいない〟という場合も、第三者視点からの関わりやコミュニケーションについて理解を深めることで、ご自身との付き合い方にも新たな観点が生まれるでしょう。

最後の第8章では、抑うつ症状や燃えつき症候群など、「過剰適応」と関連する症状のうち、代表的なものが説明されています。近年はインターネットなどにより、メンタルヘルス関連の情報が広く入手できる状況ではあるものの、正しい情報が適切に伝えられる段階にまでは至っていないようです。本章では、適切に対処していくために役立つ情報や、大切にしたい心構えがわかりやすく述べられています。

〝日本人は勤勉である〟とよく言われます。たしかにそうなのでしょう。でもそれは、生まれ持った性質というよりも、いつの間にか身についた習慣、という側面もあるのでしょう。私たちは、子どものころから、勉強やスポーツなどで優秀な成績をおさめることが推奨され、〝よい学校〟・〝よい就職先〟を目指すことが大きな目標となっています。成人してからも社会人として、家庭人として、一定のルールや規範を守りながら、その時々に〝望ましい〟とされる実績や振る舞いが求められます。

私たちは、もう少しラクに生きていってよいのかもしれません。生活すべてを変えていこう、というのではありません。いまの自分自身を振り返り、すでに起こっている小さな変化に気づいたり、新しい行動を試してみたり、それらを拡げたりしていくことを試してみませんか。さまざまな事情を抱えながらがんばっている方々、そしてその関係者の方々にとって、本書を手に取っていただいたことが何かしら変化のきっかけとなることを願っています。

執筆者一同

2021年6月

「過剰適応傾向」自己診断テスト

まず、あなたの過剰適応の傾向を
以下の自己診断テストで
測ってみましょう。

以下の各項目は、どれくらいあなたに当てはまりますか？

1　全く当てはまらない
2　あまり当てはまらない
3　やや当てはまる
4　かなり当てはまる

のいずれか1つを選んで番号に○をつけてください。

01. 人からどう思われているか心配だ

1　2　3　4

02. 人より高い評価を得ないと気が済まない

1　2　3　4

**03. 暇そうな人がいても、
遠慮して手伝って欲しいとは言えない**

1　2　3　4

04. 中途半端な仕上がりでは我慢できない

1　2　3　4

05. 何かを犠牲にしても仕事を優先する

1　2　3　4

06. 他人の目を気にして、のびのび出来ない

1　2　3　4

07. 相手から褒めてもらえることをまず考えてしまう

1　2　3　4

08. 周りから一目置かれたい

1　2　3　4

09. 相手の迷惑になりそうで、頼み事が出来ない

1　2　3　4

10. 他の人の仕事を増やすのは申し訳ないので、
何でも自分でする

1　2　3　4

11. 自分の言動が、周囲の反対にあわないか気になる

1　2　3　4

12. 見下されないように、背伸びをしている

1　2　3　4

13. 何でも自分でしないと気が済まない

1　2　3　4

14. 周りの機嫌を損ねないように、顔色をうかがう

1　　2　　3　　4

15. 人に何かを頼むと、
自分の能力のなさがばれてしまう

1　　2　　3　　4

16. 仕事をいい加減にすることがある（*）

1　　2　　3　　4

17. いくら大変でも、その日のうちに出来ることは
その日のうちに済ます

1　　2　　3　　4

18. 人に甘えたら、弱い人間だと思われる

1　　2　　3　　4

19. 仲間外れにならないように、自分を抑えている

1　　2　　3　　4

20. 人に気に入られることが何よりも大事だ

1　　2　　3　　4

©水澤慶緒里「成人用過剰適応傾向尺度
（Over-Adaptation Tendency Scale for Adults : OATSAS）」

〔点数の計算方法〕

○をつけ終わったら、下記の(　)内にそれぞれの項目の得点を記入し、計算してください。

＊問16だけは逆転項目ですので、以下のようにカウントしてください。
1　全く当てはまらない……………4点
2　あまり当てはまらない…………3点
3　やや当てはまる…………………2点
4　かなり当てはまる………………1点

A
項目01(　　　)＋項目06(　　　)＋項目11(　　　)＋
項目14(　　　)＋項目19(　　　)
＝(　　　)点／20点中

B
項目02(　　　)＋項目07(　　　)＋項目08(　　　)＋
項目12(　　　)＋項目20(　　　)
＝(　　　)点／20点中

C
項目03(　　　)＋項目09(　　　)＋項目10(　　　)＋
項目15(　　　)＋項目18(　　　)
＝(　　　)点／20点中

D

項目04(　　　)+項目05(　　　)+項目13(　　　)+
項目16(　　　)+項目17(　　　)

=(　　　)点/20点中

E

また、A+B+Cの合計も計算してください。

A+B+C=(　　　)点/60点中

〔解説〕

A:「評価懸念」得点

この点数は「周囲の目を気にする」「人から悪く思われたくない」傾向を示しています。平均は12点です。

B:「多大な評価希求」得点

この点数は「周囲から高く評価してほしい」傾向を示しています。平均は11点です。

C:「援助要請への躊躇」得点

この点数は「相手を気づかって頼みごとができない」傾向を示しています。平均は11点です。

D:「強迫性格」得点

この点数は「何でも完全にしないと気が済まない」傾向を示しています。平均は13点です。

E:A+B+Cの合計得点「他者評価にかかわる側面」得点

この点数はABCに共通する「他者からの評価」への懸念の合計点です。平均は34点です。

得点の見方

・自分の得点を出したら、A～Eのそれぞれの項目ごとの平均点と比べて、自分の傾向を知る参考にしてください。しかし、それぞれの項目の点数が単独で平均点を上回っていても、ただちに過剰適応傾向が高いとまでは言えません。
・過剰適応傾向が高いと言えそうなのは、D「強迫性格」得点とE「他者評価にかかわる側面」得点が共に平均点以上の方です。
・D「強迫傾向」とE「他者評価にかかわる側面」の両方とも平均点より低ければ、非過剰適応傾向と言えそうです。
・心身の不健康、体の不調、不眠、不安や抑うつ気分などの症状と相関があると言えそうなのは、A「評価懸念」とE「他者評価にかかわる側面」の得点です。
（解説執筆：廣川進）

引用文献

水澤慶緒里（2014）．成人用過剰適応傾向尺度（Over-Adaptation Tendency Scale for Adults）の開発と信頼性・妥当性の検討　応用心理学研究，40(2)，82－92．

「がんばり過ぎて疲れてしまう」がラクになる本

目次

第1章 過剰適応とは何だろう？

第2章

過剰適応の原因となるもの

第3章

過剰適応の状態を整理する

第7章

過剰適応の人にどう関わるか

第8章

過剰適応から体調を崩してしまったら

第1章

過剰適応とは何だろう？

「適応」が行き過ぎてしまうと

そもそも「過剰適応」という言葉は、国語辞典や心理学専門の辞典の多くには見出し語としては掲載されていません。

また海外の研究論文でも「過剰適応」をテーマとするものはほとんどありません。それでもこの言葉が日本で広く使われているのは、この言葉でなくては表せない状態を指す便利な考え方だからだと考えられます。

まず、「適応」とは何でしょうか。適応は2つに分かれます。

1　外的適応：家庭、学校、職場など社会や現実の要求に応じて、役割を守って実際に行動することです。

2　内的適応：自分の心・気持ちが幸福感と満足感を経験し、心的状態が安定して良好なことです。自分自身が納得して前向きになっている状態です。

適応している状態とは個人の内面と外部の環境との間に調和が取れて、満足すべき関係が保たれている状態といえます。

一方、「不適応」とは、外的適応がうまくいかず、内的適応まで不調に陥っている状態といえます。

では過剰適応とはなんでしょうか。文字通り、適応が行き過ぎてしまって「外的（社会的）適応が過剰なために内的（心理的）適応も困難に陥っている状態」です。

言い換えれば、自分がどんな行動をするかを決める際に、他者や環境（組織）の価値観を優先させ、それが客観的に見て「度が過ぎる・過剰」なほどであったとしても、本人はそのことを自覚なく受け入れている状態ともいえます。「自身の内的な欲求を我慢して、環境からの要求や期待に応える努力を行うこと」といえるでしょう。

それは、一見うまく適応しているように見えて、実は周りの環境に合わせようとがんばり過ぎて、自分の心身の健康が損なわれそうになっている状態かもしれません。他の人から見ると、環境（仕事、人間関係）に適応できているように見える人々の中に、周囲の人の期待に応えるために過剰な努力をしている人や、自分の要求や感情を抑えて周囲に合わせている人もいるのです。

それは、本人の心が外部（それは親であったり社会であったりします）の価値観を自身の心のよりどころにして、それに合わせているためです。

外部の価値観に対して疑問を持たずに合わせることで、外部とうまく折り合ってやっているわけですから、いちおうは一般的な社会生活を問題なく送っています。

過剰適応の人は「職場や学校で普通以上に働いたり勉強したりしすぎて、症状が出ているにもかかわらずほとんど休まない（休めない）人」です。一方、不適応の人は「そもそも職場や学校でうまく適応できないため症状が出現し、よく休む（休める）人」という違いがあるともいえます。

また「うつ状態」との関連でみても、そもそも「不適応」傾向の人がうつ状態になることもありますが、むしろ一見適応的な人が過剰適応に陥っているのにあまり自覚もなく、ストレスを抱えてうつ状態になるケースも多く見られます。

【事例1】30代女性のAさん(大卒・事務職・独身)

Aさんは入社以来、営業補助業務担当として積極的に仕事に取り組み、部長から信頼され、意欲をもって業務に携わっていました。

ところが10年目に部長が替わり、後任の部長は強引に自分の意見を通すなど、Aさんの今までのやり方が通用しなくなってしまいました。部長と一緒に仕事をすることがストレスとなり、頭痛やめまいを起こし、家に帰っても仕事のことが頭から離れず、眠れなくなってしまいました。

頭痛とめまいを改善したいと会社の診療所に受診し、診察では身体症状の相談とともに、部長に対する不満について話しました。

「他の業務に支障をきたしてはいけないと思い、通常1泊2日の日程で行く出張を無理して日帰りにしたのに、『泊まって、ゆっくり温泉でも入ってくればよかったのに』と言われ、『この人何もわかっていない』と腹が立ちました。私がどれだけ周りに配慮をして仕事をしてきたのか、どれだけ忙しい思いをしているのか全く理解されていないのだと思うと悲しくなりました」

診療所の医師は、頭痛やめまい、不眠などは精神的なストレスが原因と考え、精神科クリニックを紹介しました。受診の結果、適応障害と診断され、主治医からはストレスを回避するために休職を勧められました。しかし、職場での居場所がなくなることを恐れ、休職を拒みました。加えて、趣味でバスケットボールの社会人チームに属しており、

「仕事と趣味は別で、バスケットの練習に行った方が元気になれます。今までも、つらくてもがんばっていれば、なんとかなりました。仕事も趣味も両方とも100パーセントがんばりたいんです」

と毎週の練習も休むことはありませんでした。

その後、「私は精神的にダウンするタイプではありません」と精神科クリニックの受診も中断し、頭痛やめまいの薬を求めて会社の診療所を受診し続けるようになり、社内診療所の医師も対応に困ってしまいました。

【事例2】30代男性のBさん（大卒・管理職・妻と3人の子ども）

Bさんは出向中に連日深夜に及ぶ業務等神経を使う生活をしたせいか、1年前から手のしびれや過呼吸の症状が現れてパニック障害と診断され、薬の治療が始まりました。

主治医からは休職するように勧められましたが、なんとか休まないで治療を続けたいと希望し、残業禁止という就業制限を設けられた上で通院治療を続けました。

パニック発作を起こしていないときは、通常通りの業務を誰よりも早くこなしていたので、上司はついついBさんに仕事を依頼し、仕事量は増えていきました。

上司は、Bさんが治療を受けていること、残業制限がかかっていることも知っていましたが、Bさんがあまりに元気そうにしていたので、資格試験に挑戦するように勧めました。Bさんは上司の期待に沿うようにさらにがんばりましたが、ある日、勤務中に過呼吸発作を起こし社内診療所に運ばれました。

Bさんは次のように話しました。

「今までは会社で発作を起こしたことはなかったが、ついに起きてしまった。もう、どうしていいかわからなくなってしまった。

残業制限されているので上司は残業をするなと言うが、一方で次々と仕事を依頼してくる。『管理職なのだから、部下に仕事を振れば残業をしなくてもできるはずだ』と言われる。部下に任せても、いい加減な仕事しかせず、結局自分がやることになる。それなら初めから自分でやった方が早い。自分がやらなければ仕事が進まなくて、どうしようもない状態だ。定時内で人の倍近くの仕事をしている。部下の就業態度不良について、再三注意をするが改善されなかったので、上司に指導をしてほしいと頼んだ。しかし、『おまえは考えが固いなぁ』などと言われ、ちゃんと対応してもらえなかった。こんないい加減なことが許されることに納得できず、イライラする。

他の人には、『Bさんは、すぐできるからいいよな』と言われる。自分は、特別器用なわけでもなく、最初からできたわけではない。人一倍努力して今がある。そんな自分を誰も理解してくれない。だから誰も信用できない。悲しいなんて感情を見せたら崩れていきそうだから、しんどいけれど、無理に笑って仕事をしてきた。家庭でも、妻から『お父さんならできるでしょう』と期待されて、それに応えるために弱音を吐くことができない。いつも優しい夫、強い父を演じてきた。会社も家族もみんな元気にがんばっている自分を求めている。だから、いつも元気でがんばらないといけないんだ」

一方、上司の部長はBさんについて、

「仕事はでき、職場でも中心になっているが、他人に厳しく、反感を持たれることがある。がんばっている割には同僚や部下から信頼されない」

と評価していました。

仕事の能力があり、努力しているにもかかわらず、認められないことへの不満があり、何かうまくいかないと感じながらも解決方法がわからず、がむしゃらにがんばり続け、ついに職場で倒れてしまったのです。

過剰適応が起こる心理的なメカニズム

人は認めたくない事柄や劣等感、つらさ、苦しさ、憎しみ、恥ずかしさ等の感情を心の深い層に隠してしまっています。自分では意識できない、自分の知らない心の部分があるのです。

怒り、嫉妬、悲しみ、恐怖等をむやみに表現すること、あからさまにすることは「はしたないこと」であり、「恥ずべきこと」との思いがそれらの思いを、深い心の層に押し込めてしまいます。

社会規範や他者への思惑によって感情を心の奥底に押し込めてしまう行為をフロイトは「抑圧」と名付けました。そして社会規範（≒良心）や他者への思惑（≒自身の行動の見張り番）の心理構造を「超自我」と名付けました。

私たちは親の背景にある超自我を見て育ち、それによって、社会生活や対人関係でのトラブルを回避します。その結果、現実生活がスムーズに過ごせるのです。このプロセスが心の「防衛機制」と呼ばれるメカニズムです。

これは不安、抑うつ、罪悪感等の心理的な葛藤、あるいは外からの攻撃（批判、いじめ、否定等）によって引き起こされる苦痛を回避するための無意識的な心の働きです。この働きによって人は、心の安定を得て、社会生活が続けられます。それを「適応状態」といいます。

防衛機制は人が生き延びるための「こころを守る心理メカニズム」と考えてもよいでしょう。自分にとって危険で、心が傷つくような環境（状況）から自身を守るための心の機能なのです。

しかし、自身を守るはずの防衛機制が、時に偏ったり、過剰に働く（周囲に合わせすぎてしまう）ことがあります。これが過剰適応です。その結果は、さまざまな心身の症状につながり、現実生活で支障を来すことになります。

そのような心身の症状が出やすい人は「真面目」「がんばり屋」「仕事熱心」「他人から頼まれると断れない」「周囲に気遣いをする」「自己犠牲的」「優等生、いい子であろうとする」などの傾向がみられます。

これらの傾向はみな悪いことではありませんが、それが過剰であるときにストレスになりやすいのです。自分自身の内的な感情や欲求とは違っていても、それを抑制して周囲の期待に応えようとすることが、ストレスになるのです。

表面上は十分に適応できているので、周囲はもちろん、自分でも問題と感じられず、知らずしらずのうちにストレスをためても発見が遅れて、ストレス疾患になりかねません。

過剰適応の人は「病める適応者」といわれることもあり、外的な適応は過剰なほどにできているので、周囲の人々、家族、級友、教師、同僚、上司などから不調に陥っていることに気づかれないことが多いのです。

また本人も多くの場合、過剰適応の思考と行動が幼少期から染みついていて、心身の不調になっていることをあまり自覚していません。心身の不調を感じられたとしても、それが外的適応と内的適応のバランスが崩れていることからくる反応、症状であると関連づけてとらえることも難しいのです。

2章では過剰適応がどうして起こりやすくなるのか、その原因、メカニズムについて考えていきます。

3章ではそれを踏まえて「過剰適応」とどう付き合っていったらいいか、対応対処法も紹介します。

第2章

過剰適応の原因となるもの

1 親子関係

この章では「過剰適応」がどうして起こりやすいのか、その原因やメカニズムを家庭や学校、職場などと関連づけて考えていきます。

親が子どもに過剰に配慮したり、干渉しすぎたりすること、また反対に無関心や放任のままでいること、そのどちらもが過剰適応しやすい「よい子」を作り出します。

親はさまざまな自分の願望を期待という形で子どもに向けますが、その親からの期待は、日常的な親子関係から生まれる自然で無意識な感情が基になっているだけに、子どもに及ぼす影響について親も子も無自覚なことが多いのです。そのメカニズムに気づきにくいことが、問題の発見や対応を遅らせがちです。

親の養育態度や親からの期待を過剰適応との関連でみてみましょう。親から拒否的で自立型の養育態度を受けていた子は，親から円滑な対人関係を作れる子どもになってほしいという期待（対人達成期待）を感じていたり，よい学校や職場に就職してほしいという期待（学業・就職期待）を感じているほど、過剰適応傾向が高くなります。特に周囲によい印象を与えて認められる存在になろうとする（対他過剰適応）傾向が高く、自分に対して自信がない（対自過剰適応）傾向も高くなりがちです。

大人の望んでいることに敏感で、大人の価値観で生活し、常に大人の動きに気を配って先回りして迷惑をかけまいとして振舞う子どもが、どれだけ「いい子」であるためにエネルギーを使っていることでしょうか。

「おとなしくて手のかからない子」「いい子」であることが実は、親の期待に沿うように常に周囲に気がねして自由な感情を抑える「過剰適応の子ども」になっていないか、こんな視点を私たちはもっと持った方がいいのかもしれません。

2 機能不全家族

虐待や暴力、家族の不仲などの背景をかかえるいわゆる機能不全家族のもとで育った人は、自らもアルコールなどの嗜癖、ギャンブル、ワーカホリック（仕事に依存しているといえる）、男女関係や親子関係での「共依存」傾向から抜け出すことに困難さを感じて、生きづらさを抱えていることが多いといわれています。

アダルトチルドレン（ＡＣ）と呼ばれる人も、自分の都合よりも親の機嫌や家の中の雰囲気を優先して自分の行動を抑制したり、相手の意向に合わせようとしたりする傾向があります。

アダルトチルドレンとは、狭義ではアルコール依存症の親の下で育って大人になった人のことで adult children of alcoholics の略語です。

そこから広く、アルコールに限らずさまざまな依存症やその背景にある「共依存」（問題を抱えている相手と同様の問題を抱える人はお互いに相手の存在を必要としていること）の問題を抱える家族「機能不全家族」で育った人を含める使われ方になりました。

アダルトチルドレンの人は次のような役割を演じることが多いといわれています。

「ヒーロー（英雄）」：家族からも周囲からも評価されて、家族のさらなる期待に応え続けようとする。そのことで両親の関係が一時的に改善したようにみえることから、ますますがんばり続ける。
「イネイブラー（支え手、援助者）」：家族に奉仕することで自分の存在意義、役割を見出し自分自身の本当の問題と向き合うことを避ける。

家庭内の安全が保障されていない状況のときに、その家で自分が果たせる、周囲が期待しているであろう「役割」を探して演じます。役割とは機能不全家族の過酷な環境、安全が保障されていない中で生き残るために身につけた学習された戦略という見方もできるでしょう。

役割は幼少期から無意識のうちに組み込まれてしまっていることが多く、役割を過剰に演じることを負荷や問題と感じることもないままに大人になります。そして、そのまま社会においての適応のスタイルにまでなる場合が多いのです。

大人になりきれないモラトリアム期間においての低い自己肯定感や承認不安の高まりと「親（機能不全家族）の育て方のせいでこうなった、自分の責任ではない」という「アダルトチルドレン」の物語は、自分をあまり傷つけずにすむため、結びつきやすい面があります。

アダルトチルドレンの心理行動の特徴から過剰適応に関連すると思われる項目を以下に挙げます（竹村道夫　赤城高原ホスピタルＨＰ　http://www2.wind.ne.jp/Akagi-kohgen-HP/AC-Problem.htm）。

- 自分の判断に自信がもてない。
- 自己感情の認識、表現、統制が下手。
- 常に他人の賛同と称賛を必要と感じる。
- 自分にはどうにもできないことに過剰反応する。
- 自分は他人と違っていると感じる。
- 傷つきやすく、ひきこもりがち。
- 世話やきに熱中しやすい。
- 孤独感。自己疎外感。
- 必要以上に自己犠牲的。
- 他人に依存的。

- 罪悪感を持ちやすく、自罰的、自虐的。
- 過剰に自責的。
- リラックスして楽しむことができない。

3　学校

次に学校での過剰適応について考えてみます。子どもが学校に入る、いわゆる児童期には級友や担任の先生となじみ、うまく付き合っていくという社会化、外的適応を優先させていきます。

思春期を経て中高生になり青年期にさしかかると、自己意識の高まりとともに自己の内面を見つめ始め、内的適応の重要性が高まります。

児童期には外的に過剰な適応をして「素直なよい子」「優等生」などと言われながら、一見何の問題もなく過ごしてきた子どもが、思春期、青年期に入って問題が表面化することがあります。不登校や家庭内暴力の背景が過剰適応のアンバランスからくる身体の反応、症状とみられることもあります。

また学校における「いじめ」の問題は子どもに過剰適応的なあり方を促す要因となっているともいえます。

あるとき突然、いじめの標的になったりと、いじめの明確な基準があるわけでないことが多いので、つねに多数派に属していないと安心できないことになります。

すなわち、いじめられないために、ひたすら周囲の友だちから嫌われないように、自己主張や対立を避けて周囲に同調し、当たり障りのない人間関係を維持しようとするのです。「同調圧力」「承認不安」「過剰適応」もその文脈でとらえることができます。

本来であれば青年期は自己の内面と向き合い、自分で考え、意見を持ち、自己主張し、かつ自分とは違う感情や価値観を持つ他者とも交流し受容する過程で、人と違う自分、アイデンティティを確立し自己を受容していく時期であるはずです。

しかし、SNSの普及や学校の管理化が進む中で、「同調圧力」や「承認不安」が、本来の青年期の過程を阻んでいるという見方もできると思います。

4　発達障害

発達障害と過剰適応の関係も深いものがあります。発達障害の傾向にある人の中には、その場の空気を読むのが苦手で、周りから疎まれたり非難されたりする経験を持つ人もいます。

ASD（自閉症スペクトラム）の人の中には、意識せずに空気を読むことができないため、頭をフル回転して解読、分析し言語化しようとする人たちがいます。エネルギーを使い、神経をすり減らしている場合もあります。

また、発達障害の傾向のある人は、就労の場面などで過剰適応の問題が生じることがあります。

自分の中でのルールや枠組みを大事にするあまり、決められたことはきちんとやらなければならないと思い込んで、がんばりすぎたり、我慢しすぎたりしがちです。

さらに、うまく断ることができないと仕事が増え、負荷がかかって心身は疲労している。でも自覚しにくい、自覚したとしても苦しさをうまく周囲に伝えるコミュニケーション能力が足りないような場合もあります。すると、心身の不調から心身症やうつ病などの疾患につながることもあります。

また「過集中」が過剰適応と結びつきやすいこともあります。ＡＤＨＤ（注意欠如・多動性障害）傾向のある人は、一般的には集中力が続きにくいとされますが、自分が関心・興味あることには集中して没頭しがちな面もあります。ＡＳＤ（自閉症スペクトラム）傾向のある人も、限定された物事に対するこだわりが強く、いったん興味を持つと、過剰なくらいに熱中する面があります。

どちらも集中するあまりにオン・オフの切り替えがうまくできず、ひとつのことを何時間もやり続け、休息を適切に取らないため、疲労は気づかれないままに蓄積し、あるとき突然、体が動かなくなるほどの不調に見舞われることがあります。気づいたときにはすでに学校や会社へ行けなくなっているなどの状況も少なくありません。

過剰適応について、こんな説明をする発達障害の当事者もいます。

発達障害のある人は、世間一般の常識や周囲の期待に合わせるための過剰な努力をしが

ちです。そのやり方は、

1 一般常識やコミュニケーションの知識と行動パターンを、頭の中でデータベース化する。

2 状況に応じたいろいろなキャラクターを演じ分ける。

3 正しい価値基準を、周りの判断や意見にまかせる。

4 他者がよいと評価した言動やものをマネする。

一見周囲とうまくやれているようでも、実際は発達障害の特性上、自分が苦手とすることにも無理して取り組む、相手の理不尽な要求にも応じてしまう等のマイナス面もあるのです。こうして発達障害のある人は、努力してもなかなか普通にはなれない自分に傷つき、もしくは傷つけられ、やがて疲れ果て、自分を見失ってしまうこともあるかもしれません。

5「見捨てられ不安」

「見捨てられ不安」とは「重要で身近な他者（集団）に承認される自信がなく、自身の価値観をありのままに主張すると、重要で身近な他者（集団）から嫌われるのではないかという不安から自己犠牲的な認知・行動を過剰に選択する心理傾向」です（斎藤・吉森・守谷・吉田・小野、2012）。

見捨てられ不安も過剰適応と関係が深いのです。相手に見捨てられたり、拒否されたりするというネガティブな結果を避けるために、今、無理をしてでも自己主張を抑制してしまうという関わり方をすることで、自己の内面では葛藤やストレスを抱えたまま、周囲には笑顔であり続ける、というようなことも起こります。

また「自分が無い」と語る不登校の高校生女子は、見捨てられ不安を打ち消すために中学までは「よい子」を演じてきたと振り返ることがあります。

このように見捨てられ不安を感じると、嫌われたくないという思いから自己抑制的になり、自分の欲求や意志を抑えて、親の意向に沿うような過剰適応的な行動をとることが考えられます。

【1〜5の参考文献】

桑山久仁子（2003）外界への過剰適応に関する一考察：欲求不満場面における感情表現の仕方を手がかりにして 京都大学大学院教育学研究科紀要、49：481－493
勝田萌（2009）青年の認知する親の期待・養育態度と過剰適応の関連 日本教育心理学会総会発表論文集
益子洋人（2008）青年期の対人関係における過剰適応傾向と、性格特性、見捨てられ不安、承認欲求との関連 カウンセリング研究、41、151－160.
長坂正文（1997）登校拒否への訪問面接――死と再生のテーマを生きた少女 心理臨床学研究 15（3）1997・08 p237〜248
斎藤富由起・吉森丹衣子・守谷賢二・吉田梨乃・小野淳（2012）青年期における見捨てられ不安尺度開発の試みその1――社会構造の変化を重視して――千里金蘭大学紀要、9、13－20.
竹村道夫 赤城高原ホスピタル

http://www2.wind.ne.jp/Akagi-kohgen-HP/AC-Problem.htm）（最終アクセス日：２０２１年１月13日）
鵜飼美昭（１９９２）「中学校における適応障害」適応障害の心理臨床臨床心理学体系第10巻金子書房
障害者ドットコム　https://shohgaisha.com/column/grown_up_detail?id=1089（最終アクセス日：２０２１年１月13日）

６　社会と経済の不安

前項までは個人の心理的な原因を見てきましたが、ここでは、現在の日本にある社会・経済的な原因について触れておきたいと思います。

１　不況が社会変動を引き起こした

1980年代、日本経済界はこぞって、過大な投融資を行ないました。グローバリゼーション、IT技術革新、マルチプル経済への変革の渦の中で、1992年にバブル景気は崩壊し、設備や雇用の過剰と巨額な不良債権の累積で広範な経済不況が生じました。

企業は成果主義、コスト削減、リストラ等を推進し、労使協調での取り組みや国の政策的支援、外需回復を模索し、深刻な不況からの脱出をはかりました。

その結果、M&A（企業合併・買収）等による経営理念の変化は、労働者の働き方を根底から揺るがし、労働者の職務・人間関係、個々人の労働意識は大きく変化させられました。

労働者は〝修羅場、正念場〟を迎えました。働く人々のメンタルヘルス対策、職場のストレス対策が緊急課題となったのです。厚労省からは、「リスクマネジメント」「安全配慮義務」に立脚した予防医学的な「労働者の心身の健康の保持・増進対策」として、「ストレスチェック制度」や「働き方改革」が打ち出されました。

2 非正規労働者の増加と職場環境の悪化

総務省労働力調査[1]によると令和2年度の平均の完全失業率は2・9％で、前年度と比べ、0・6％上昇しています。完全失業者数は198万人と36万人増加しました。就業者数は6664万人と、前年度に比べ69万人増加し、就業率は69・2％と、前年度に比べ0・5ポイント低下しました。

正規の職員・従業員数は3549万人と、前年に比べ33万人増加し、非正規の職員・従業員数は2066万人と97万人減少しています。非正規という不安定な雇用形態で働く労働者の割合は比較的高い水準にあります。

また、厚生労働省労働安全衛生調査[2]によると現在の自分の仕事や職業生活に関することが強い不安、悩み、ストレスとなっていると感じる事柄がある労働者は58％（2018年58・3％）であり、その割合は若干減少したものの、高止まりの状態が続いています。

また、ストレスと感じている事柄は「仕事の質・量」が59・4％（2018年62・6％）と最も高く、業務のマルチタスク化や長時間労働等による職場環境の悪化が懸念されます。

なお、過労死等の労働補償状況[3]では、労働災害の請求件数は2996件で、前年度比

２９９件の増加でした。また、労働災害の支給決定件数は７２５件で前年度比22件の増加で、うち、未遂を含む自殺の件数は前年度比16件増加の１７４件でした。精神障害の労災認定件数は過去最多になりました。

また、公益財団法人日本生産性本部[4]によると、日本の労働生産性は、ＯＥＣＤ加盟37カ国中21位で、１９７０年以降、先進７カ国のなかでは最下位の状況です。以上のような日本の社会経済は、業務内容の整理、業務の効率化を進め、労働者の負荷を強めています。派遣等の非正規労働者は、雇用確保のためには過剰適応にならざるを得ない就労状況です。一方、正規社員も、高度な仕事の集中、マルチタスク、長時間労働等の労働環境で働かなければならず、過剰適応の状態が続いています。職場では、非正規労働者の過剰適応と正規社員の過剰適応とが併存している状態です。

このような日本の労働環境からは、ワーキングプアと過労死への対応不足が指摘されます。

3 二つの電通事件――過重労働・過労自殺

過剰適応は、抑うつなどの不適応と関連しているだけではなく、自殺や欠勤・不登校などの社会問題を引き起こします。

2015年12月に電通の新入女子社員Tさんが長時間労働などを苦に自殺した事件は、大きな社会問題になり、「働き方改革」を強化推進する契機になりました。

実は、電通は1991年に「電通事件」と呼ばれる、電通社員の過労自殺事件がありました。新卒で電通に入社した男性社員Aさんが約1年半後に、24歳で自殺した事件です。Aさんは過大な業務を課され「社会通念上許容される範囲を超えた」長時間労働に従事していたのですが、実際には過少申告していたのです。

遺族（両親）が電通に対し損害賠償請求を起こし、第一審で長時間労働と自殺の因果関係、電通の安全配慮義務違反が認められて、1億2600万円という高額の損害賠償が命じられました。その後、東京高裁の第二審では、本人の性格や両親の対応を理由に賠償金の3割が減額されましたが、2000年3月に最高裁が第二審の判断を破棄し、差戻しを命じました。最終的には電通が遺族に約1億6800万円を支払うことで和解が成立したのです。

従来、自殺は労働災害の対象外とされていましたが、この判決ではうつ病という精神疾患で労働者の正常な判断能力が減少したり失われたりした場合には、自殺を故意によらないものとして労働災害と認定し、被災者遺族の救済をはかりました。しかもAさんには精神科通院歴はなかったので、うつ病の認定は裁判所が事後に推定したものでした。この裁判はその後の過労うつ病・過労自殺裁判の主要判例となり、過労うつ病・過労自殺裁判が増加するきっかけになりました。

２０００年の最高裁判決で電通は企業として安全配慮義務違反が問われました。この判決は、日本社会や企業に対して、社員に対する安全配慮義務（健康管理義務）、過労自殺防止に目を向けるように警鐘を鳴らしたのです。

電通は２０００年の最高裁判決以降、社員の出退勤時間の管理を徹底し、また労基署に届け出た時間外労働の上限を超えないように「勤務状況報告書」を作成するよう社員に指導していたのですが、残念ながら過労自殺の再発を防ぐことができなかったのです。

なお、Ｔさんの残業時間は認定されただけでも月に１００時間を超え、長時間労働が常態化していました。しかし、Ｔさんの会社への実際の申告は労使協定に基づいて残業ができる月70時間に抑えられていたのです。

Tさんの過労自殺を受け、2017年1月に石井直社長は引責辞任し、電通は労働基準法違反の罪で起訴され、同年10月に罰金50万円の有罪判決が下されました。

この判決で労働環境が改善すると思われていたのですが、実は電通は残業時間の上限を定める労使協定の審議決定を延ばす等で、2019年9月、労働基準監督署から是正勧告を受けています。企業体質の実態が問われます。


さて、AさんとTさんの共通点は、入社間もない若手社員、常軌を逸した長時間労働、残業時間の過少申告、本業以外の雑務的業務の存在、評判の良くない部署への配属、本人の性格（がんばり屋、努力家、粘り強い）です。また、真面目な努力家という、本来企業にとって望ましいパーソナリティは、職場への過剰適応となり、自身が潰されたのです。

Tさんの過労自殺に対して、世間の関心の高さの背景には、日本社会でのサービス残業や長時間労働に苦しんでいる労働者や他人事でないと実感している労働者が多くいることが推測されます。Tさんは、日本の社会経済構造での過剰適応の犠牲者と言えるのではないでしょうか。

４　ＩＴの進展とストレスの高まり

現在、日本の職場では、ＡＩの浸透等による急速なＩＴ化、ビジネスのグローバル競争、産業構造の変化等が目まぐるしく進んでいます。また、就労形態や働き方の多様化等による職場環境の変化により労働者は様々な不安やストレスを抱えています（58ページの文献1、2参照）。

日本企業にとって、２０１９年は「働き方元年」といえます。行政は労働時間に上限を設定し、罰則規定も設定しました。このような政府の働き方改革に、労働者が「過剰反応」しているきらいがあります。「働き方改革」を主体的に取り入れるのではなく、受け身的に取り組むことで、「働かされ改革」になることが危惧されています。

テレワークの導入でワーク・ライフ・バランスが崩れてしまうことも予測されます。テレワークによって家庭が仕事場になってしまい、職・住がきちんと分離できるのかが問われます。さらに、Lynda Grattonらが提唱する「人生１００年時代」[5]になると寿命が延び、働く期間が延びます。今後、副業、在宅勤務等の新しい働き方が急速に浸透していくことが想定されます。労働者にはテクノロジーや時代の進化により仕事に求められるスキルは大きく変わり、新たな視点での生き方や働き方が模索されることになるでしょう。

労働者が時代の要請に対応できるように、政府もリカレント教育※や副業の推進等の政策的支援の枠組みの構築を急いでいます。

7 日本人の心性

日本人の心性は？と問いかけると多くの人が、「礼儀正しい」「マナーを守る」「我慢強い」「周囲から目立たないようにおとなしくしがち」「自分を表現するのが苦手」「非常に温厚」「協調性がある」等々と答えます。

一般的に日本人は他人の目線や印象を大事にしているので、イエスかノーかをはっきりさせず、曖昧にしてしまいがちです。自分がどう思っているかよりも、他人やその場の雰囲気を優先してしまいがちであるといわれます。自己よりも組織・他者を優先させることが美徳とされていると指摘する人もいます。その他、日本人の心性としては、「勤勉」「現状容認」「順応」という特徴が挙げられることもあります。

このような特徴を持つ日本の労働者は、不当に扱われている職場環境においても、改善を主張するより、「仕事だから」「上司が言うから」「前からそうだったから」と不本意ながら受け入れてしまい、ストレスをため込んでしまう傾向が見られます。それらの先には過剰適応、過労自殺のような結末があり得るのです。

なお、日本人論の嚆矢として考えられるのは、海外でも知られた名著『菊と刀』[6]です。著者のベネディクトは、「恩」「義理」「恥」「罪」などの概念を用いて、「他人への気配り」「集団を尊重して、和を保つ」等、日本人の心性の特徴や特異性を分析しています。ベネディクトは「日本社会は階層的な上下関係に信頼を寄せており、それが家族、国家、信仰、経済活動の基層となっている」と述べて、「恥の文化」は他人の目を、「罪の文化」は自分の目を行動の拘束力としていると言及しています。現在の日本人の集団主義傾向の指摘ととらえることができます。

産業現場では、職場不適応、過労死、過労自殺、ハラスメント等への対応が求められています。しかも新型コロナウイルスの蔓延によって、世界的規模で政治経済の混乱が生じ、日本もこの荒波に翻弄されています。

企業も労働者も、強くたくましく自律した生き方・主体的な生き方が求められます。私たちはこころのメカニズムを理解して、過剰適応等を上手に乗り越える知恵を身につけましょう。またそれには、一人でがんばらずに、周囲の人たちの支援を求めることも必要になります。

※注

リカレント教育とは、義務教育や基礎教育を終えて労働に従事するようになってからも、個人が必要とすれば教育機関に戻って学ぶことができる教育システム（生涯教育構想）。スウェーデンの経済学者であるレーンが提唱し、1970年代に経済協力開発機構（OECD）で取り上げられ、国際的に知られるようになった。

【参考文献】

1. 総務省労働力調査（基本集計）2020年（令和2年）

2. 厚生労働省（2018）平成30年度労働安全衛生調査（実態調査）の概況

3．厚生労働省（2019）令和元年度過労死等の労災補償状況
4．財団法人日本生産性本部（2020）労働生産性の国際比較2020
5．Lynda Gratton, Andrew Scott（2016）LIFE SHIFT 100年時代の人生戦略 東洋経済新報社
6．ルース ベネディクト Ruth Benedict 角田 安正訳（2008）菊と刀 光文社古典新訳文庫

第3章

過剰適応の状態を整理する

第1・2章では、過剰適応について、さまざまな角度から理解や知識を深めてきました。新しい観点から見つめ直すことで、いままでよりも冷静に「がんばり過ぎ」を理解することができている、という感覚を持った方もいらっしゃるでしょう。感覚的にわかっていたところを理論的に捉え直すことで、「なるほど」と腑に落ちる感じがした方や、「とにかく、心理学などで説明ができるものらしい、日本ではよく見られる状態らしい、ということはわかった」という方もいらっしゃることと思います。

第3章から第5章では、ここからもう一歩先に進み、「過剰適応」への関わり方について考えていきます。まず、この第3章では「第1段階：過剰適応の状況を整理する」、「第2段階：過剰適応を捉え直す」について確認します。そして第4章での「第3段階：自分をケアするエクササイズ」、第5章の「第4段階：過剰適応に働きかけるエクササイズ」へとつながっていきます。少しずつ、段階的に進めてみましょう。

ただし過剰適応を「なくすべきもの」「直すべきもの」という一面的な捉え方はしていません。自分の生活や人生における「過剰適応」について捉え直し、これから先「過剰適応」とどのように付き合っていくのかを検討したうえで、「望ましい変化」をつくっていくことを目指します。また、明快な指南書のように「これをすれば必ず成功しますよ」という一つの理論体系を伝えるものでもありません。

私たちがこのように考えるのには、大きく3つの理由があります。まず大前提として、人間は人それぞれが個性を持つ固有の存在であるし、生活している社会的な環境もさまざまであるからです。つまり、過剰適応が起こっている仕組みや、これから変化が起こるために有効な手段も人によって異なります。ですから、万人に共通する「こうすればよい」という方法があると考えるのは不自然なことになります。これが一つ目の理由です。

確かに、世の中には明快な解決法が書かれた書籍も多くあると思いますし、それによってプラスの効果を得て、大きな変化を経験される方もたくさんいらっしゃると思います。しかしその一方で、「うまくいくはずの方法を学んだのに、自分は変わることができなかった」と感じ、以前よりも悩みが深まってしまうことも起こり得るのではないでしょうか。過剰適応の傾向を少なからず持っている状態の方には、そのように感じられる可能性についても、考慮することになるでしょう。これが二つ目の理由です。

三つ目の理由は、過剰適応がどのように変化していくことが幸福につながるのかも人それぞれだと考えているからです。この後で詳しく確認をしていきますが、過剰適応によって何が起こっているのか、過剰適応が影響を及ぼしている範囲や内容なども、人によって異なります。そのため、これからどんな変化が起こるのが望ましいのか、どんな状態になりたいと思うのかも多様であると考えられます。

このように、どのような方法がどのような変化につながるか、そしてそもそもどのような変化が起こるのがよいかは、時と場合によって異なります。そのため、タイプの異なる複数のエクササイズを解説していきます。

同時に、過剰適応との付き合い方の変化についても、タイプの異なる複数のストーリーをご紹介していきます。皆さんの生活状況や個人的な好みに合わせて「試してみようかな」と少しでも感じられる方法を選んでいただくことや、「こういう生き方が、自分にもイメージしやすいな」という変化の方向について想像していただきたいと思います。

次のページからエクササイズが始まります。一つずつ取り組みながら読み進めてもよいでしょうし、まずは巻末まで通して読み終えてから、またここに戻ってくるのも一つの方法です。いまの気持ちや状況に応じて、焦らずじっくりと、楽な気持ちで進めてみましょう。

第1段階

過剰適応の状況を整理する

これから、過剰適応の状況について整理をしてみましょう。過剰適応が特にどのような場面で（ステップ1）、どのように生じているか（ステップ2）を確認し、そして過剰適応によってどのような困りごとにつながっているか（ステップ3）の3ステップで進めていきます。

それぞれの手順を説明しながら、一連の流れをヒロシさん、ヨシコさん、トオルさんのストーリーにそって確認していきます。

＊ここで整理した内容は、第5章の第4段階で活用することができます。メモやノートを保存しておくと、後で便利です。

【ヒロシさん（34歳）】

ヒロシさんは、IT関連企業に勤務する技術職です。妻（33歳、会社員）と息子（2歳）の三人住まいです。

熱心な仕事ぶりや真面目で誠実な人柄も評価され、数年前にチーム・マネージャーに昇格しました。

周囲からは順風満帆なキャリアに見えるヒロシさんも、過剰適応で苦しんでいる一人なのでした。仕事では大きなトラブルはないものの、放任主義の上司から十分なサポートが得られず、常に納期や書類仕事に追われている状態が続いています。妻が残業の日は、保育園のお迎えに間に合うように急いで会社を出ています。理解のある会社には感謝しつつも、周囲への後ろめたさも強く感じます。家事・育児をほとんど分担していないように見える先輩社員たちの様子を、うらやましく思うこともたびたびです。休日はぐったりと疲れて何もしたくありませんが、息子をつれて近所の公園で遊んだり、一週間分の買い物や食事の作り置きをするために妻と台所にたちます。

そんな状況が続いているうちに、夜になってベッドに入ると仕事のことが気になりはじめ、なかなか寝つくことができなくなりました。もともと寝つきはよいほうではありませんでしたが、何時間も眠りにつけないことが起こるようになります。仕事に追われる夢を見ることも多く、夜中に目が覚めたり、朝起きたときも疲れが残っている状態が続きました。それでも仕事を休むわけにいかないと考え、連日遅くまで仕事をしています。

現在、心配した妻の勧めで、メンタルクリニックに通うようになって約一年が経つところです。主治医からは「軽度のうつ病」と説明がなされていて、寝つきの悪さは続いているものの、いまの状態に慣れてきたような感じがしています。「このままずっと、薬を飲み続けて仕事をしていくのかなぁ」と考えるようになった頃、主治医から「過剰適応の状態について見直してみてはどうか」と、カウンセリングの利用を提案されました。

ヒロシさんはカウンセラーと話しながら、自分の過剰適応について整理することにしました。正直なところ、ヒロシさんは自分が「過剰」適応だとは考えておらず、むしろ「これが当たり前」だと思っていました。しかしカウンセラーと話をしているうちに、自分の働き方や振る舞い方を改めて客観的に捉え直すようになり、いろいろなことに気がついたのです。

1 特にどのような場面で

ヒロシさんは、以下の3つの場面で特に過剰適応になっていることに気がつきました。（ア）営業部門との交渉、（イ）上司への報告・相談、（ウ）チーム内での業務の割り当てや進捗管理、の3つです。それぞれについて、詳しく振り返ってみることになりました。

2 どのように生じているか

ヒロシさんは、（ア）～（ウ）の状況でどのようにして過剰適応が生じているのかを振り返り、以下のことがわかりました。

（ア）営業部門から技術仕様や納期について無理な要求がなされることがたびたびあります。その要求に対して、ヒロシさんは交渉を試みるのですが、結局は渋々受け入れることが繰り返されていました。このとき、ノーということや食い下がって交渉することに対して、ヒロシさんは「妙な罪悪感」を感じることにも気がつきました。

（イ）上司に対しては、人員の調整や営業部門との交渉などについて相談をしても、いつもはぐらかされてしまい、助言や具体的な支援を得ることができずにいました。上司が着任した当初は、その対応に「いい加減な人だなぁ！」と不満を感じていたこともあったのですが、徐々に「この人に求めても仕方がない」「最低限の報告だけはしておこう」と考えるようになっていたことにも気がつきました。

（ウ）チーム内では、メンバーに厳しくマネジメントすることにも「妙な罪悪感」があることに気がつきました。もともと、厳しい態度で関わることや人に無理をお願いすることに慣れておらず、苦手意識があることもわかりました。さらに、（ア）や（イ）が影響していることが見えてきました。つまり、営業部門の要求を受け入れたのは自分の責任であるため、そのしわ寄せをチームのメンバーに押し付けるのは筋が通らないことだ、と考えていたのです。また上司に期待をしない気持ちが、いつのまにか「周りに頼っても仕方がない。自分でやるしかない」という発想を抱きやすくさせていたのではないか、ということにも気がつきました。

3 どのような困りごとにつながっているのか

これはすぐに明確になりました。自分で仕事を抱え込むことになって、残業や疲労感が増加し、効率は低下します。仕事のプレッシャーから生じるストレスを強くさせているし、さらに周囲（上司、営業部門、チームのメンバー）に対する不満も強まっています。同時に、「自分ががんばらないと！」という気持ちが強くなっていて、悪循環になっています。寝る前になって仕事のことが気になることにもつながっていると思われます。

こうしてヒロシさんは、現在の過剰適応による問題の状況を整理していきました。ヒロシさんはこんなふうに言います。

「よくわからないまま、大変だ、疲れる、余裕がない！って思っていました。こうして整理してみたことで、何が起こっているのかが見えてきましたね」

「いままでは、見えない敵に振り回されていたような気がします。これからは太刀打ちができるかもしれない、という感じがしてきました」

【ヨシコさん（40歳）】

ヨシコさんは大都市の百貨店で販売員として勤務をしています。高校生の頃から飲食店や小売店など接客業に興味があり、大学生の間はカフェでアルバイトを続けていました。就職難の時期でしたが、念願だった百貨店に就職することができました。途中、企画部門に転向する機会もあったのですが、「お客様と直接関わり続けたい」という思いから、販売担当として勤続しています。

立ち仕事による身体の疲れや接客による心理的な疲労があっても、かつてはそれを上回る楽しさや喜びを感じることができました。ですが最近は、若手スタッフの指導や売り場でのクレーム対応、他部門との連携など、「お客様に喜ばれるやりとり」以外の業務が増えてきました。経験年数から考えれば当然の役割だと納得はしているものの、販売担当で居続けることについて「本当によかったのだろうか」と思い悩むこともあります。

仕事以外の生活では、これまでに結婚を意識するようなパートナーに巡り合うこともありましたが、相手のペースや要求に合わせることばかり考えてしまい、うまくいかないことが繰り返されています。学生時代からの友人との交流が続いていますが、休日が合わないために年に数回ほど食事をする程度です。出産を機に仕事を辞めた友人とは、たまにランチをすることはありますす。しかし、共通の話題が年々なくなってきていて、ランチの後では何とも言えない気持ちになることも多くなりました。

近県に住む両親のところには、毎月必ず顔を見せるようにしています。両親ともに自分のことを心配してくれているのはわかるのですが、結婚していないことを遠回しに非難されているように感じることもあり、実家はあまり居心地のよいものではありません。本当は一人でのんびり過ごしていたいのですが、両親の「今度はいつ帰ってくるのか」の問いかけに断ることのほうがヨシコさんには負担なのでした。

ある日の夜、友人ユミと久しぶりに食事にでかけました。ユミは学生時代のアルバイト友達で、卒業後も年に1～2回一緒に食事をしてお互いの近況を話し合うことを続けています。ユミはおとなしく内向的なタイプですが、ヨシコさんの根の真面目さをよく理解してくれていて、ヨシコさんにとって安心してお喋りができる相手なのです。ユミにとっても、ヨシコさんとの交流は楽しいもののようでした。

いつものようにヨシコさんが仕事のことなどを話していると、ユミは「私も人のことを言えないけれど、ヨシコも本当にがんばりすぎだよね」「このまえ、ヨシコにぴったりな本を見つけたんだけど」と言って、『「がんばり過ぎて疲れてしまう」がラクになる本』のことを教えてくれました。ユミは大型書店に勤務しており、ときどき小説や実用書など、おすすめの書籍を紹介してくれるのでした。

書籍のタイトルをみて思わず吹き出してしまったヨシコさんでしたが、いままでと同じように、紹介されるまま読んでみることにしました。

1 特にどのような場面で

ヨシコさんはこれまでの状況を振り返り、自分の過剰適応が、（ア）後輩や若手との関係、（イ）上司らとの関係、（ウ）両親との関係で現れていることに改めて気がつきました。

2 どのように生じているか

（ア）後輩や若手スタッフの面倒を見過ぎてしまうようです。自分がどれだけ忙しくても、後輩たちが困っていたら助けてあげようと思うし、ミスもカバーする。悩み事があったら親身になって話をきき、私生活の相談事にものっているのでした。

（イ）上司らからは無茶な依頼やシフトの調整にも、嫌な顔一つせずに二つ返事で応じます。実際に、頼まれごとに対しては特に検討もせずに「わかりました」と応えるクセがついているようです。

（ウ）両親に対しては「良い娘」であろうといつも気が張っています。疲れていても毎月実家に帰る理由はそこにあります。そういえば、10代の頃も目立った反抗期はありませんでした。

（ア）（イ）（ウ）のすべてに共通して、自分の都合や気持ちよりも相手のことを優先する傾向がみられることに、ヨシコさんは気がつきました。

3 どのような困りごとにつながっているか

「困っているし悩んでいる」と感じていても、「疲れている」ということ以外は、モヤモヤとしていて言葉で表現するのがむずかしかったヨシコさんですが、しばらくしてみて「人と関わることが嫌になってきている」「仕事が好きではなくなっている」ことに気がつきました。

毎日疲れていて、特別な楽しみ事がないことはわかっていたつもりでしたが、人と関わることが好きで、接客の仕事を天職だと思っていたのに、その仕事を好きだと思えなくなっていることは、ヨシコさんにとって大切な課題だと感じられるものでした。

【トオルさん（48歳）】

トオルさんは、販売・サービス業の企業で営業所長（課長職）として勤務しています。新卒で現在の会社に入社して以来、営業職としてのキャリアを歩み続けています。

独身で一人暮らしをしていますが、県内に母親が一人暮らしをしているため、同居を考えています。大手企業にエンジニアとして勤務していた父親は、トオルさんが30代の頃に過労で倒れ、亡くなっています。二人兄弟の兄は父親と同じ分野のエンジニアとして、都内の大手企業に勤務しています。

営業所長になってからのトオルさんは、部下のマネジメントや支援をおこないながら自身も重要顧客を担当し、実績を上げてきました。しかし顧客からの受注が伸び悩んでいる一方で、目標となる売上額は年々増加しており、大きな悩みの種となっています。一昨年から、50歳代の営業職を対象とした早期退職制度が社内でスタートしたことも、「成績を上げ続けなければならない」という心理的なプレッシャーになっています。

大規模な案件で連日深夜まで業務を続けていたある朝のことです。トオルさんがいつもどおり通勤していると、急に胸が苦しくなってきました。激しい動悸がし、身体がしびれ、息をすることも難しい状態です。過労で亡くなった父親の姿が頭をよぎります。

その場に座り込んで、救急車を呼ぼうかと逡巡しているうちに、少しずつ落ち着いてきました。病院に行こうかとも考えましたが、仕事のことが気になってそのまま出社しました。その日はそのまま勤務を終えることができたのですが、一週間後に再度、同じような発作に襲われたのです。

病院を受診しましたが、検査結果には特に異常はみつかりませんでした。診察を担当した医師からは「過労とストレスによる影響」を指摘され、会社の産業医に相談することと、メンタルクリニックの受診を提案されました。産業医の先生とは、自分自身の長時間労働や、部下のメンタルヘルス不調のことなど、過去に何度も面談したことがあります。ためらいもあったものの、面談を申し込みました。

産業医に最近の業務や生活状況と今回のできごとを伝えました。産業医は「トオルさんは昔から真面目だからなぁ。前から言っているでしょう、もっと気楽にやりなさいって。他の所長さんは、もっとうまくやってるよ！」と、微笑みながら指摘します。

トオルさんは「そうですねぇ、本当に。気をつけます」といつものように苦笑いしつつ、内心では「気楽にやれっていつも言うけれど、それができれば苦労しないよなぁ」と考えるのでした。

他の所長たちの中には、実際に「うまく」やっている人がいるのも知っています。かつて、面倒な仕事や利益率の低い案件、トラブルが多い取引先などをトオルさんに押し付けてきた同期社員は、トオルさんより何年も早く出世しています。手柄を横取りされるようなことも一度や二度ではありません。「自分が真面目過ぎるところがあるのはわかっている。けれど、人とは争いたくないし、仕事やお客様には誠実に関わりたいんだ。そこは譲れない」。そんなふうに考えて、何とかまた自分を立て直しました。

その後、再検査でも異常がみつからなかったトオルさんは一応の安堵を得ることになりましたが、いままでの働き方について考え直すことになりました。いつもなら聞き流していた「もっと気楽にやりなさい」という産業医の言葉が気になるのです。

　また、父が倒れる前はお酒を飲む量が増えていたらしいことを思い出し、トオルさん自身も最近、お酒の量が増えていることが怖くなってきました。

　トオルさんは、産業医から渡された書籍『「がんばり過ぎて疲れてしまう」がラクになる本』を開き、自分自身の過剰適応について整理してみることにしました。

1 特にどのような場面で

　トオルさんは自身の働き方を振り返って、（ア）部下の指導、（イ）営業所の業績、において特に過剰適応となっていることに気がつきました。トオルさんの過剰適応は、長年にわたって、仕事のさまざまな場面で生じているようです。

　トオルさんは、有名大学の文系学部を卒業していますが、父や兄と同じ理工系に進学できなかったことを口惜しく思っていました。兄が大学院を出てエンジニアとして就職してからは一層、自信のなさや劣等感が強くなりました。

現在の会社に就職してからは、営業職として顧客の要望や、上司の指示に一生懸命に応えようと死に物狂いでがんばってきました。営業成績に非常に厳しい上司もたくさんいました。それでも、成績をあげることで評価され、昇格や賞与など具体的な評価が得られる環境は、トオルさんにとって自分に自信を感じることができモチベーションを維持するものとして機能していました。

2 どのように生じているか

（ア）部下の指導では、ハラスメントにならないような注意喚起が全社的になされています。それ以前にトオルさんは、人から嫌われることや人と対立することを避けたい、という気持ちが強いことに気づきました。

自分が新人だった頃の上司たちのように、厳しい指導ができればいいなぁと思うと同時に、そんな方法は自分には向いておらず余計にストレスが増してしまうのが想像できてしまえるのでした。

丁寧なコミュニケーションによって部下が成長してくれることはトオルさんの喜びと安心につながるのですが、中には関わり方が難しい部下がいるのも事実です。「自分が入社した頃は……」と何度も思うのですが、「そんなこと考えても仕方ないな」と自分に言い聞かせるのでした。

（イ）営業所の業績については、考えるまでもありませんでした。年々増加する売り上げ予算額には理不尽さや憤りさえ感じるのですが、「やるしかない」という諦めに近い納得で自分をなだめて冷静さを取り戻すことを続けています。そのため常に強いプレッシャーと葛藤を抱えながら仕事を続けることになっていました。

（ア）（イ）に共通する要素として、トオルさんは「恐怖」があるのだと感じました。人から嫌われること、低く評価されること、収入が減ることやリストラの対象となることなど、「恐怖」によって自分が縛られているのではないか、という気がするのです。

3　どのような困りごとにつながっているか

トオルさんは、自分がいつも不安で緊張していて、安心できないでいることに気がつきました。帰宅後や休日も資料に目を通したりしていて、仕事のために生活しているような状態になっています。生活に喜びがなくなっていて、それが当たり前のことのようになっています。今回のパニック発作（第8章の「パニック症」を参照）も、毎晩お酒を飲まないといられないのも、もしかするとこのためかもしれません。

トオルさんは、このように整理しました。

「いつのまにか、仕事中心の生活になっていた。うすうす気づいてはいたことだけれど、ショックだ。いまの状態は辛いけれど、だからといってどうしたらいいのかわからない。でも、また発作が起こるようなことにはなりたくない。これからどうしていくのがよいか、検討していこう」

トオルさんは、『「がんばり過ぎて疲れてしまう」がラクになる本』を読み進めてみることにしました。

第2段階

過剰適応を捉え直すエクササイズ

私たちは、いったん「○○が問題だ」と考えると、その○○に関連するネガティブな部分や現象ばかりが目に付いたり、思い出されたりしやすくなる傾向があります。実際には、100％プラスであったり100％マイナス、というようなことは、私たちの生活には滅多にないものなのでしょう。理屈ではよくわかるはずですが、自分自身のこと、特に悩みごとや困りごとについてはどうにも冷静で合理的な観点を維持するのは簡単なことではないようです。

ここでは、「1　過剰適応によって得てきたものを確認する」「2　過剰適応のプラスの側面を確認する」「3　今後の過剰適応との関係を検討する」のステップで、いままでとは少し異なる角度から過剰適応を捉え直してみることにしましょう。

1　過剰適応によって得てきたものを確認する

カウンセラーはヒロシさんのこれまでの苦労や現在の大変さに強いねぎらいの意を示したあと、次のように問いかけました。

「ところで、過剰適応はいつもヒロシさんを苦しめることばかりだったのでしょうか。大変ながらも、会社やご家庭での生活を続けてこられるヒロシさんにとって、何か少しは役に立つ側面もあったのでしょうか？」

まさかそんな質問をされるとは思ってもいなかったヒロシさんでしたが、不思議とすぐに答えが出てきたのでした。

「社内での周囲からの信頼やポジションは、これまで自分ががんばってきたことで得られたものです。自分の力という意味ではなくて。いままで私のことを認めてくれた上司や、力になって支えあってきた仲間は、私が必死になって仕事をしている姿を見て、認めてくれていたんだと思います」

「結婚して、子供が生まれてからは家庭との両立で苦しんだ時期もあります。いまも大変です。それも、その時々の状況で頑張ろうと思えたからやってくることができたんだと思います」

「まだ答えはみえていないんですが、これからはいままでと違う方法でがんばっていけばいいんじゃないか、っていう気がしてきました」。

ヒロシさんにとっての、今後の方向がみえてきたようです。

2　過剰適応のプラスの側面を確認する

私たちが自分の働き方や人間関係の取り方などについて、いままでの努力や苦労、現在の状況を真っ向から否定することは、これからの変化に向けた大きなエネルギーになってくれる可能性があります。ですが、たとえつらいものであったとはいえ、自分のことを自分で否定することはあまり気持ちのよいものではありません。変化に向けた取り組みを具体的に進めていく際には、エネルギーの大きさよりも、自由で柔軟な姿勢が大切になることも多いものです。

ヒロシさんは自分自身の過剰適応が、必ずしもネガティブでマイナスのものではなく、むしろプラスの要素でもあった可能性に気がつきました。そしてそのことは、変化していこうとするヒロシさんの考え方や姿勢にも、変化をもたらし始めているようです。

ヒロシさんに限らず、過剰適応が完全なマイナスとは言い切れないような何かが、私たちにもあるかもしれません。ですが、前述したように自分自身のことを柔軟に捉えることは、ときに難しい場合もあります。ここでは「『過剰適応傾向』自己診断テスト」の項目について検討することで、その端緒としたり、ものの見方そのものを広げる練習をしてみましょう。

「『過剰適応傾向』自己診断テスト」にどんな項目があったか、頁を戻って確認してみましょう。そして「もし、このような傾向が全くなかったら、何か困ったことが起こるのではないか?」「もしも、これとは真逆の状態だったら、それはそれで大変なことになるのではないか?」と想像をしてみるのです。ヨシコさん、トオルさんがおこなった振り返りをみてみましょう。


ヨシコさんは、自分が「かなり当てはまる」と答えた項目のうち、9「相手の迷惑になりそうで、頼み事が出来ない」について検討してみました。ヨシコさんは頼みごとをすることにどこか後ろめたさを感じる傾向があることは、以前から気づいていました。実際にヨシコさんは、仕事や用件を人から頼まれることはあっても、自分が誰かに頼むことは滅多にありません。

ヨシコさんはこの傾向が全くなかったら、何か困ったことがあるだろうか？と自問自答してみました。人事評価の面接において、積極的に物事に取り組む姿勢がいつも高く評価されていることがすぐに思い出されました。新人だった頃には、「意外と真面目過ぎるところがあるけれど、一生懸命だから仕事を覚えるのも早い」と指導担当の先輩から褒められたこともあります。

あれこれと思いめぐらしているうちに、普段は厳しい先輩がとてもやさしく接してくれたときのことを思い出しました。数年前になりますが、ヨシコさんが少し大きな失敗をしてしまったときに、その先輩がヨシコさんを庇い、リカバーするための作業も一緒になって手伝ってくれたのです。先輩にお礼を伝えると「ヨシコさんはいつもがんばって、誰よりも仕事をしている。たまに失敗した時くらい、助けてあげるわよ」と話してくれたのでした。

トオルさんは、14「周りの機嫌を損ねないように、顔色をうかがう」について検討しました。他部門との打ち合わせや、部下への指示・指導などの場面で起こっているものです。精神的にも疲れますし、我慢をしたり自分の業務量が増える結果にもつながっており、そんな自分が嫌だと考えたこともたびたびあります。

これとは真逆の状態について考えてみました。「周りの気持ちや感情を顧みずに、言いたい放題・やりたい放題に振る舞う……」。少し想像してみただけで、恐ろしい結果が見えてきました。部下に対して大変厳しい口調で指導している自分を考えると、それだけで胸が苦しくなります。自分にはそんな関わり方は向いていないと思うし、何よりもそんな指導の仕方をしても部下が伸びるとは思えないのです。若手だった頃についても振り返りました。大変厳しかった上司の顔色をうかがわず、空気も読まずにいたなら、「今ごろはこの会社にはいられなかったかもしれないなぁ」と考えたのでした。

社内の人間関係だけではありません。取引先との打ち合せでは、担当者の表情や言動を注意深く読み取ることを心がけているトオルさんにとって、相手の顔色をうかがうセンスと技術は、もはやなくてはならない武器になっているのです。

「自分は営業パーソンだ。人の顔色ひとつうかがえないようでは仕事にもならないだろう。自分が苦しくなることでは控えめに、仕事に活かすことは今まで以上に意図的に、顔色をうかがおうじゃないか」という気持ちが湧いてきました。

このように、過剰適応に関連する行動や考え方は、私たちをつらくさせることがあるネガティブな側面だけではなく、私たちを高めてくれたり支えてくれたりするポジティブな側面も確かにあるのだ、という可能性が見えてきました。もちろん、何でもプラスの方向に考えればよい、ということをお伝えしたいのではありません。現時点ではマイナスに作用しているように見えることにも、どこかプラスの面が隠れている、もしくはかつてはプラスの機能を果たしていたかもしれない、という可能性を想像してみることで、自分自身の過剰適応を捉え直してみるきっかけにしたいのです。

3 今後の過剰適応との関係を検討する

過剰適応の状況について整理をすることで、何が・どのように問題となっているのかが少しずつ見えてきました。そして過剰適応によって得てきたものやプラスの側面について確認をすることで、私たちの「過剰適応」はいつでも問題だというわけではなく、むしろうまく付き合っていくことが重要である可能性も見えてきました。今度は、「これから先、どうしていきたいのか」を考える段階です。

3人はそれぞれ、次のように考えるようになりました。

ヒロシ：家庭も大切にしたいし、技術者としても人間としても成長したい。これからもがんばり続けたい。がんばり続けても大丈夫なように、仕事の進め方や家庭との両立の在り方を工夫していきたい。

ヨシコ：もう無理をしてまでがんばりたくない。周りのことばかり気にしながら生きていくのではなくて、もっと自分の時間や気持ちを大切にしていきたい。過剰適応を手放したい。またたのしく仕事ができるようになりたい。

トオル：いまは「がんばろう！」とは思えないが、実際にはそんなことを言っていられない。ただ、自分が納得できないような我慢は減らしていこう。力の抜きどころを工夫しながら、がんばり続けられるようになりたい。

三者三様の方向性が見えてきました。ただしこの方向性は、いまの時点で感じているものです。今後の状況や彼ら自身の変化によって、「望ましい」と感じる在り方も変化することでしょう。そのときには、またいったん立ち止まって再検討すればよいのです。

みなさんは、少し先のあなた自身についてどのように考えていきますか？「こんな感じでやっていけるといいなぁ」という方向性や目標が見えてきたなら、それが実現している状況をイメージしてみましょう。そのときの自分が、どんな振る舞いをしているか、どんな一日を過ごしているのか、詳細に思い浮かべてみるのです。ここでは、「どうやって実現させるか？」を考える必要はありません。「すでに実現している状態」について、想像をしてみます。少し時間がかかるかもしれませんし、いまはまだ具体的なイメージが湧いてこないかもしれませんが、気持ちを楽にして取り組んでみましょう。

第4章

自分をケアする

第3段階 自分をケアするエクササイズ

ここからは、過剰適応によって傷つき、疲れている自分自身をケアするためのエクササイズです。第5章で紹介する過剰適応に働きかけていくためのエクササイズに向けた準備の意味もあります。完璧にこなしていく必要はありません。さまざまなタイプのものがありますので、まずは気軽に、気楽に試してみるところから始めてみましょう。

1 身体に意識を向ける・緩める

①意識を向ける

まずはじめに、これからのエクササイズの基盤となる部分から始めていきましょう。心と体が密接に関連していることについては、みなさんもある程度ご存じだと思います。過剰適応の状態では、私たちの心や体は過剰に緊張した状態になります。

仕事をこなしていくためには適度な緊張が必要ですが、ONとOFFの切り替えができることが大切です。ですが過剰適応では「気持ちが張りつめている」「体がガチガチになっている」というような状態が続き、消耗してぐったり疲れているはずなのに、ゆったりとリラックスすることが難しくなります。身体の緊張やリラックスをある程度調整できることは、健康を保つうえでとても重要なことなのです。

ところでいま、どんな姿勢で本書を読まれているでしょうか？　座っている方、寝転んでいる方、立っている方など、さまざまと思います。私たちは姿勢を維持するために、必要な筋肉を緊張させていますが、普段はそれを意識することはありません。また、疲労や無理な姿勢を続けることで肩や腰などにコリが生じますが、それを自覚しないままでいることも少なくないのです。

さて、身体のどこに力が入っているでしょうか。注意を本書の文字と同時に、身体の感覚にも向けてみましょう。そしていま、どんなふうに呼吸をしているでしょうか。ストレスの状態や姿勢によっては、呼吸が浅くなっていることがあります。いちど、「ふぅーーーっ」と大きく息を吐いてみましょう。そうすると今度は、その反動のように息が大きく吸い込まれることを感じることができるでしょう。……どうでしょうか。いまさっきまでの呼吸が浅くなっていたことに気づいた方もいらっしゃると思います。

過剰適応の状態になって、何かに一生懸命に取り組んでいるとき、私たちは緊張状態にあります。ＰＣの前で企画書を作成しているとき、膨大な書類をひたすら処理し続けているとき、移動の電車内で仕事のことを考えているとき、疲れて帰宅してから急いで家事をこなしているとき、そんなときは、もっと呼吸が浅くなっている可能性があります。

「ゆったりした腹式呼吸が大切」「ときどき深呼吸をするのがよい」ということは、いまや誰しもが何度も目にしたことのある情報です。ですが、それを習慣的に実践することが難しいのが実情でしょう。

過剰適応の状態にあるとき、私たちは身体の感覚よりも仕事や課題あるいは関連する心配事などに注意を集中させています。自分自身の身体の状態にはなかなか気づくことができません。そしてその集中が高まるにつれて、私たちの呼吸も浅くなっていくのです。

②緩める

次に、からだの緊張を緩めてみましょう。リラックスです。呼吸にもう一度、意識を向けてみます。私たちは、息を吐くときにリラックスしやすいのだそうです。息を吐くときに、何となく身体の余分な緊張が緩んでいくのを感じることができるかもしれません。

いま、顎に力が入っていませんか？　緊張しているときは、無意識のうちに顎に力が入って、歯を食いしばっているような状態になります。上の奥歯と下の奥歯がくっついている状態であれば、少し隙間をあけてみます。どうでしょう。顎の力みが少し緩んだ感じがするかもしれませんね。そのままもう少し力を緩めてみて、口が少し開くくらいになるでしょうか。ポカーンとした表情になってみるのです。

今度は目の周りに意識を向けてみましょう。普段意識することは難しいかもしれませんが、目の周りの筋肉もいつの間にか緊張しているものです。一度、ぐーっと強く瞼を閉じて数秒数えてみましょう。そして、フーっと力を緩めてみます。目の周りがじんわりと緩んでいく感じがわかるかもしれませんね。これを数回、ゆっくりしたペースで繰り返してみましょう。

次は、いま本書を読んでいるときの姿勢に応じて、緩めてみようかなと思うところに意識を向けてみましょう。肩でもよいでしょうし、お腹あるいは背中でもよいでしょう。ふくらはぎや足首を緩めてみることもできそうです。うまく緩まないときは、それで大丈夫です。比較的緩んでいることが感じられる部分に意識を向けなおして、その緩んだ感覚を味わってみましょう。

身体に意識を向けることや緩めることは、続けていくにつれてスムーズにできるようになっていきます。はじめのうちは「これで緩んでるのかなぁ？」という程度で大丈夫です。身体の部分によっては、意識を向けることも難しいと感じる場合もあると思います。完璧にやろうとする必要はまったくありませんので、緩い気持ちで試してみます。

また、いままでの経験や普段の生活の中で、身体が緩んでいる状態になっている時を探してみるのも一つの方法です。たとえば、温かいお風呂につかってひと息ついている時の自分を思い出してみるのです。身体がじんわりと温かい感じがしています。入浴剤の香りがするかもしれません。少し腕を動かすと、ちゃぷちゃぷとお湯の音が聞こえるでしょう。ゆっくりふーっと息を吐いて、身体が気持ちよく緩んでいる状態を味わってみましょう。

2 いままで適応してきたことを振り返る

ヒロシさんは第3章のエクササイズで、適応することによって得てきたものがあることを確認することができました。そして「適応できること」は、自分の強みであることも確認してきました。たしかに過剰であったかもしれませんし、そうであるが故に失ったものもあったかもしれませんが、ヒロシさんの気持ちの中では希望的で自分自身を肯定する考えや感情が湧いていることに気づくことができました。

ここで考えたいのは、「どうやって・どのように適応してきたのか？」という適応するための能力やスキルについて探ってみることです。また、過剰適応の状態で仕事に取り組むことは、大変な労力と苦労を伴います。可能であれば、それについて「どうやって・どのように乗り切ったのか」を振り返る作業にも取り組んでみます。

「こんなにも大変なのに、がんばり続けることができるのは、どうしてなのでしょうか？」

ヒロシさんが過剰適応の状態を振り返った後（84ページ）、実はカウンセラーからこんな質問を受けていました。「どうしてがんばることができるのか」なんて、いままで考えたこともなかったことだったので、ヒロシさんはハッとした気持ちになると同時に、「そう言われてみれば、どうしてなんでしょうね？」と答え、自分自身への問いかけをおこないました。

カウンセラーはヒロシさんの様子をみて、「どうぞゆっくり考えてみて、教えてほしいんです。がんばることができているのは、ヒロシさんに何があるから、あるいはヒロシさんが何を持っているからなのでしょう？　もしくは、ヒロシさんの周囲にどんな人がいたり、ものがあったりすることが助けになっているのでしょう？」。

ヒロシさんの返答は次のような内容でした。

- **仕事には一生懸命に取り組むものだ、と考えている。**
- **新人の頃の上司がとても仕事熱心な方で、仕事に向かう姿勢を教えてもらった。**
- **失敗するのが怖い。だから入念に仕事をする。**
- **疲れていたり、時間がないときでも、しっかり食事をとっている。**
- **家族のためにもがんばろう、という思いが強い。**
- **妻が自分の健康を気遣ってくれている。お互いを思いやる関係を維持できている。**

普段から何となくわかっているものもありましたが、あらためてこれまでの自分を振り返ることになりました。「こうやって確認してみると、自分ってけっこうがんばってますよね。何というか、当たり前のことだと思ってきましたけど」と振り返り、自分がどれだけがんばってきていたのかを実感することができました。また、そのように語ったヒロシさんに対して、カウンセラーはあらためてねぎらいのコメントを伝えてくれました。そのことがヒロシさんの中にある、喜びや自信をさらに確かなものにしてくれた気がしました。

また、疲れていると、「どうしてわかってくれないのか」「どうしてもっといたわってくれないのか」と家族に不満を感じることが続いていましたが、家族の存在が自分を支えてくれていることを再認識することにもなりました。

みなさんが同じような質問をされたなら、自分自身に問いかけたなら、どんな返答をすることになるでしょうか？　スッと答えが浮かんでくる方もいらっしゃるでしょうし、じっくりと振り返ったり周囲を眺めなおしてみることで気づきが得られるかたもいらっしゃると思います。

「これかなぁ？」とはっきりしないままでもいいので、思い浮かんだところをメモやノートに書き出してみましょう。自分の能力について自信を再確認できたり、自分のことを肯定する気持ちが大きくなったりといった変化に気づかれるでしょう。

いままで過剰適応な状態でがんばってきている。いま現在も含め、大変ななかを何とかやってきた。それができたのは……

自分に何（経験、能力、特技、考え方など）があるからか？

自分の周りに何（環境、道具、制度など）があったり、誰（同僚、上司、家族・友人、ペットなど）がいるからか？

*これまでで最も大変だった時期や業務について、「あれをどうやって乗り越えてきたのか？」と考えてみるとイメージがしやすくなる場合があります。

3 自分をねぎらう

過剰適応の状態で共通してみられることの一つに、「十分に評価されていない」という状況があります。ここでの「十分に」とは、本人の努力や苦労にマッチしているかどうか、という意味です。

ここでの「評価」とは人事評価や金銭的な報酬などの具体的なものだけではありません。むしろ、「いつもありがとう」「今回も大変だったね」「あなたのおかげで助かっているよ」など、ねぎらいの言葉や気遣い、いたわりの気持ち、苦労を分かち合える場など、周囲とのコミュニケーションや人間関係のことだと捉えてみてください。

何か達成したい目標があるときに、自分で自分にご褒美を与える（おいしいものを食べに行く、欲しいものを買う）などの方法はよく知られていますし、すでにうまく活用している方も多いかもしれません。この方法もモチベーションを維持する際などに効果が見込めますが、外食や品物など具体的な行為やモノが必要になりますし、自分自身が納得できて客観的な目標の達成が必要になります。

過剰適応の状態にあると、目標の設定や結果の評価も厳しくなりがちです。自分にご褒美を与えるために時間や労力を割くことに後ろめたさを感じたり、仕事や家庭を優先しようと考えたりして、うまく取り組めないこともあるでしょう。

話をもとに戻しましょう。ここでおこないたいことは、明確な目標の達成がなくても、金銭や具体的なモノも用いずに、いつでも自分をねぎらうための方法です。自分で自分をねぎらうと言われても、あまりイメージが湧かないかもしれませんし、自分をねぎらうなんておこがましいことだ、と感じる方もいらっしゃると思います。そこで2種類の工夫をご紹介します。一つが、身体にアプローチする方法で、もう一つはイメージを用いる方法です。

1 身体にアプローチする方法

①身体に意識を向ける・緩めるエクササイズをおこなう

身体の感覚に意識を向けやすいように、「身体に意識を向ける・緩める」（94ページ）エクササイズをおこなって準備を整えます。必須ではありませんから、十分な時間を取れないときなどは、大きく伸びをしたり深呼吸をしてから、次に進みましょう。

②気になる身体の部分を感じ取る

あらためて身体全体あるいは身体の各部分に意識を優しく向けなおしてみます。そうしてみたとき、どこか気になる部分が出てきます。こわばっているような感じ、疲れた感じ、痛い感じ、熱い感じ、冷たい感じ、何とも言えない違和感など、何か他とは異なる感覚を感じるところに注目してみます。目の周りかもしれませんし、肩や手首、首の後ろ側かもしれません。足首や腿の外側、腰ということもあります。どんな感じが、身体のどのあたりで感じられるかは、人によって異なりますし、その時々によっても異なる場合があります。

しばらく身体を眺めてみて、特に気になるところが見当たらない場合には、そのまま次に読み進めてみましょう。

③気になるところに手のひらを当てて深呼吸する

気になるところに、そっと手を当ててみましょう。その手は当てたままでもよいですし、ゆっくりとなでてみたり、もみほぐしてみてもよいでしょう（手が届きにくいところの場合はそのまま、その部分に優しく気持ちを向け続けてみます）。そしてゆっくりと数回、深呼吸をします。

このとき、その部分に対して言葉を掛けることもできます。「疲れたねぇ」「いつもありがとう」など、ねぎらいやお礼の言葉でも、「よしよし」「お疲れさま」など、慈しんだり慰めたりする言葉でも、何かその部分が求めていそうな言葉を想像してみましょう。あるいは「今日はいろいろ大変だったよなぁ」「今日も一日がんばったよなぁ」など、語りかけていくような、もしくは独り言を聞いてもらうような形でも構いません。

ヨシコさんの場合：ヨシコさんはすぐにこのエクササイズを試してみようと思いました。もともと、身体をケアすることには興味があり、以前に無料の動画サイトをみながらヨガをおこなっていたことがあるのです。「無理をせずにゆっくりと」と説明がされているのですが、つい完璧なポーズや動作をおこなおうとしてうまくいかず、いままでは長続きしませんでした。

身体に意識を向けて緩めるエクササイズも、すんなりと実践することができました。気になるところをゆっくりと探ってみると、目の周り、首・肩、手首、背中、腰、ふくらはぎ、足首でした。「ほとんど全身（笑）」と思いながら、順番に手のひらをそっと当てていきます。時間を計ってはいませんが、一カ所に数分ずつくらいでしょうか。ゆっくり、のんびりとした感じで取り組むことができました。手首、ふくらはぎ、足首は手を当てるだけでなく、ゆっくりとなでてみることにしました。なんとなく、そうしてみたいと感じたからです。背中には手が届かないので、目をとじて背中に意識を集中するようにしました。

それから毎晩、ヨシコさんはこのエクササイズをおこなっています。時間のないときは短めに、少し余裕があるときはじっくりと。気になる部分は、おおむね同じところでした。

特にふくらはぎをなでながら「お疲れさまでした」「今日も一日がんばった」とゆっくり繰り返すのが気に入っています。気のせいか、このエクササイズを続けるようになってから、ぐっすり眠ることができています。

2 イメージを用いる方法

こちらの方法は3つのステップで進めていきます。

①人物を思い浮かべる

いままでに自分のことをねぎらってくれたり、いたわってくれたり、苦しみに共感してくれたり、優しく接してくれた人物を思い浮かべてみましょう。あるいは、あなたががんばっていること、悩んでいることを優しく見守ってくれている人物です。

ご家族かもしれませんし、友人・知人かもしれません。かつての学校や塾の先生であったり、学生の頃に通っていた定食屋のおじさん、ということもあるでしょう。長くお会いしていない方や、もうお亡くなりになっている方でも構いませんし、長く一緒に暮らしているペットであったり、動物のぬいぐるみであっても大丈夫です。

おひとり、できれば複数名を思い浮かべることができたら、次に進みましょう。気持ちがとても疲れてぐったりしているときや、自分や周囲に不満や怒りを強く感じているときなどは、思い浮かべるのが難しく感じることがあるかもしれません。そのような場合には無理をせずに日を改めるか、前項の身体にアプローチする方法を試してみましょう。

②その人物とのエピソードのうち、ポジティブなものを思い出す

思い浮かべることができたら、今度はその方との思い出を少し振り返ってみましょう。気持ちが楽しくなったり、ホッと和むことができるようなエピソードを選びます。もし可能であれば、静かで落ち着ける状況で、身体をゆったりとさせた状態でおこないます。特定のエピソードが思い出されない場合には、その方の姿を思い浮かべたり、自分と一緒に活動している状況を懐かしむだけでも大丈夫です。その方の写真などがあると、より鮮明にイメージしやすくなるでしょう。

イメージする時間は、普段から交流があったり、よく思い出す機会がある方であれば、数十秒もあれば十分です。久しぶりに思い浮かべる人物であれば、どんなエピソードがあったか、1分~数分ほどかけてゆっくりと思いめぐらしてみましょう。厳密に考える必要はありませんので、もう大丈夫かな、と思ったところで次に進みます。

この段階までおこなうだけでも、穏やかで落ち着いた気持ちになっていることに気がつくかもしれませんね。

③その人物が自分をねぎらってくれる状況や言葉をイメージする

しばらくの間、その方とのポジティブなエピソードやイメージに気持ちを向けることができました。今度は、その人物ならいまの自分にどんなねぎらいの言葉を掛けてくれるだろうか、どんないたわりの態度で、どんなふうに接してくれるだろうか、ということをイメージしてみます。その方が、いつも掛けてくれていた言葉かも知れませんし、その人らしさがにじみ出るようなメッセージかもしれません。

すぐに思い浮かばなくても大丈夫ですから、静かな気持ちで少し時間をかけてみましょう。もし思い浮かびにくい感じがする場合には、その人物からどんな言葉を掛けてもらえるとありがたいと思うか、という観点で想像してみることもできます。

【トオルさんの場合】

トオルさんが最初に思い浮かべたのは、20年以上前に他界した母方のお祖母ちゃんでした。小さい頃からトオルさんはお祖母ちゃんっ子で、お祖母ちゃんもトオルさんのことを大変かわいがってくれていました。両親や兄をはじめ親族のほとんどが情感に乏しいタイプで、どんなことも理屈で合理的に片付ける傾向がありましたが、お祖母ちゃんだけは違いました。

お祖母ちゃんは、トオルさんの話をきいてくれ、どんな小さなことでも笑顔でほめてくれて、いつもトオルさんをいたわってくれる存在でした。トオルさんに「こうあるべき」という考え方や規範を強要することや、勉強のよくできた兄や従兄妹たちと比べるようなことは一度もなく、ただただ優しく見守ってくれる存在だったのです。お祖母ちゃんの葬儀では、親族の中で誰よりも泣いていたのがトオルさんでした。

トオルさんは身体をリラックスさせ、ゆっくりとお祖母ちゃんとのことを思い出してみました。お祖母ちゃんがよく作ってくれた料理のこと、小さい頃に教えてもらったお手玉や折り紙、二人でしりとりをしながら一緒にスーパーへ買い物にいったことなどを思い出しました。決して満足するものではなかった大学受験や就職活動のときも、お祖母ちゃんは満面の笑顔で喜んでくれていました。トオルさんは、胸のあたりに温かい気持ちが広がってくるのを感じました。

トオルさんは、「お祖母ちゃんがいたらどんな言葉を掛けてくれるだろうか？」と、想像してみました。「トオルちゃんはがんばってるねぇ」「大変だねぇ、疲れたでしょう」「すごいねぇ」「がんばったね」などの言葉が、すんなりと思い浮かんできました。生前のお祖母ちゃんの姿が、お祖母ちゃんの声で、いつもの優しい話口調で語り掛けてくれます。ゆっくりと呼吸をしながら数分間、エクササイズに集中することができました。期待していた以上に、自分をケアできたような手ごたえがありました。

それ以降、週に何回かこのエクササイズを続けるようになりました。いまではいろいろな人物が思い出されるようになっています。中学校の頃に通っていた塾の先生、高校の部活の顧問、大学のゼミの先生、よく通っていた定食屋さんの夫婦、サークルの仲間などです。その日によって、自然と思い浮かんでくる人物や掛けてくれる言葉も違っているのでした。

④慈悲の瞑想

近年、「マインドフルネス瞑想」が注目されています。瞑想というと宗教というイメージを持たれるかもしれませんが、決してそういうものではありません。うつ病の予防や治療、ストレス対策などメンタルヘルスを目的にしたものだけでなく、集中力やパフォーマンスの向上など企業でも導入されるようになっています。

マインドフルネス瞑想にはさまざまな手法があり、段階的にトレーニングを進めていくのですが、ここでは「慈悲の瞑想」をご紹介します。「いつくしみの瞑想」と呼ばれることもあるこの瞑想は、さまざまなマインドフルネス瞑想のなかでも基本的なものとして位置付けられています。自分をケアすることがここでの目的ですから、ピッタリですね。また、即効性があると言われていることも、ここで扱う理由のひとつです。

エクササイズ：慈悲の瞑想

自分で自分をいつくしむ言葉を、心の中で繰り返します。口に出しておこなうこともできます。できるだけリラックスして、落ち着いた気持ちではじめていきます。必要に応じて、エクササイズ：身体に意識を向ける・緩めるをおこなっておくとよいでしょう。背筋が伸びた姿勢で、目を閉じておこなうのがよいようです。

「私が幸せでありますように」
「私の悩み苦しみがなくなりますように」
「私の願い事がかなえられますように」
「私に悟りの光があらわれますように」
「私が幸せでありますように」（3回）

静かにこの言葉を繰り返します。「幸せ」や「悩み苦しみ」「願い事」などは具体的なものを思い浮かべるよりも、幅広く捉えておきます。また、「悟りの光」というのも宗教的な意味合いを考える必要はなく、悩みや心配事などにとらわれずに穏やかな気持ちでいられることを願う、という程度の意味合いで理解しておきましょう。最後の「私が幸せでありますように」は3回繰り返します。

このエクササイズの目的は、自分をいたわっていつくしむ気持ちを取り戻していくことにあります。ですから、自分なりにしっくりくる言葉を使ってみるのもよいでしょう。

次は、親しい人たちへのいつくしみについておこないます。あなたにとって、幸せであってもらいたい、その人たちの幸せは自分の幸せでもある、と思えるような方たちを思い浮かべてみます。

「私の親しい人々が幸せでありますように」
「私の親しい人々の悩み苦しみがなくなりますように」
「私の親しい人々の願い事がかなえられますように」
「私の親しい人々に悟りの光があらわれますように」
「私の親しい人々が幸せでありますように」（3回）

自分の幸せを願う気持ちを持ったうえで、親しい人たちの幸せへと大きく広い対象へと心が向かっていきます。ここでも、具体的な願い事などではなく、広い意味での幸せを願う気持ちを大切にします。

ただし、この言葉そのものに嫌な感じがしたり、親しい人たちといえども素直に幸せを願いにくい気分のときだってあります。とても疲れているときや、周囲の人間関係で嫌な気持ちになっているときなどには、無理をせずにおきましょう。

３番目は、心の向かうところをさらに大きく広くしていきます。

「生きとし生けるものが幸せでありますように」
「生きとし生けるものの悩み苦しみがなくなりますように」
「生きとし生けるものの願い事がかなえられますように」
「生きとし生けるものに悟りの光があらわれますように」
「生きとし生けるものが幸せでありますように」（３回）

親しい人たちだけでなく他の人々、動物たちなど、あらゆる命のあるものの幸せを願おうとする気持ちを広げていきます。身近なところにある人たちでもよいでしょうし、生活している地域のことや地球全体をイメージしてみてもよいでしょう。

以上が、慈悲の瞑想の基本的な形です。実際におこなってみると、不思議と穏やかな感覚が生じてくるのに気づくことでしょう。ここからは、オプションです。自分の嫌いな人たちや、自分のことを嫌っている（であろう）人たちの幸せを願うものです。

「過剰適応で疲れているのに、嫌いな人のことなんて考える気にならない」「まずは自分の幸せを願う感覚を取り戻すのが先決だ。ましてや私を嫌っている人のことなんて」と感じるのは自然なことです。ですので、あくまでもオプションとして、もし試してみたときに嫌な気持ちになったら、その時点でやめておきましょう。自分をいつくしむ感覚が十分に得られるようになってきた頃、思い出すことがあれば試してみることにしておきます。

「私の嫌いな人々が幸せでありますように」
「私の嫌いな人々の悩み苦しみがなくなりますように」
「私の嫌いな人々の願い事がかなえられますように」
「私の嫌いな人々にも悟りの光があらわれますように」

「私を嫌っている人々も幸せでありますように」
「私を嫌っている人々の悩み苦しみがなくなりますように」
「私を嫌っている人々の願い事がかなえられますように」
「私を嫌っている人々にも悟りの光があらわれますように」

最後にもう一度、命あるすべての生き物の幸せを願う言葉を繰り返します。

「生きとし生けるものが幸せでありますように」
「生きとし生けるものが幸せでありますように」
「生きとし生けるものが幸せでありますように」

【ヨシコさんの場合】

はじめのうちは多少の違和感があったものの、ヨシコさんはオプションを除いた瞑想をおこないました。忘れてしまう日もありますが、「思い出した日にやればいいよね」と気にせずに取り組みます。瞑想のあとはスッキリと穏やかな気持ちになれることもあって、いつの間にか習慣のようになっていきました。休憩時間や通勤途中、眠る前などに慈悲の瞑想をおこないながら自分自身をいたわっていつくしむ感覚を大切にしていこう、と思えるようになっていきました。

そして、「人のお世話をしてばかりで、自分のお世話をする、ということがおろそかになっていたなぁ」「幸せになりたい、と言葉では思っていたけれど、自分が自分に優しくする気持ちがこもっていなかった」ということに気がつきました。いつのまにか、セットでおこなっている「身体にアプローチする方法」でのリラックス効果も高まっているようで、身体や心の疲れが洗い流されるような感じが得られるようになっています。

いまも仕事をしていると、どうしても自分より仕事や周囲を優先しがちです。それでもヨシコさんは、そうしている自分の状態に気づき、そういう部分も含めて自分のことを受け入れ、いつくしんでいこう、という気持ちを持つようになりました。

⑤タッピング

瞑想はおちついて静かな状態でおこなうものでした。今度のエクササイズは、心と身体の両面に働きかける少し動きのあるものになります。一風変わった方法になりますが、気持ちを整理して嫌な感情や感覚を軽減し、身体もスッキリとさせる効果を期待できるものです。
この方法は

A：身体のツボ（経穴）を指でタップ（トントンと叩く）して刺激する
B：困ったり悩んだりしている自分を受け入れて肯定するフレーズを唱える
C：いまの自分の悩みや苦しい気持ち、身体の辛い感覚を言葉で表現する
D：「C」で表現した気持ちや感覚が軽くなった状態や、自分をいたわったりいつくしんだり肯定する言葉で表現する

の4つで構成されます。まずは、一つずつ準備のための説明をしていきます。

A：ツボは、針灸などでいう、あのツボです。次のページの図に示しましたので、実際に指で触れながら確認してみてください。

ほとんどが身体の左右両方にありますが、どちらの手の指を使ってどちら側のツボをタップしてもかまいません。このとき、できれば、タップする指は人差し指と中指の二本指でおこないます（中指と薬指でも構いません）。

細い針ではなく指でトントン叩くものですから、少々ズレていても気にしなくて大丈夫

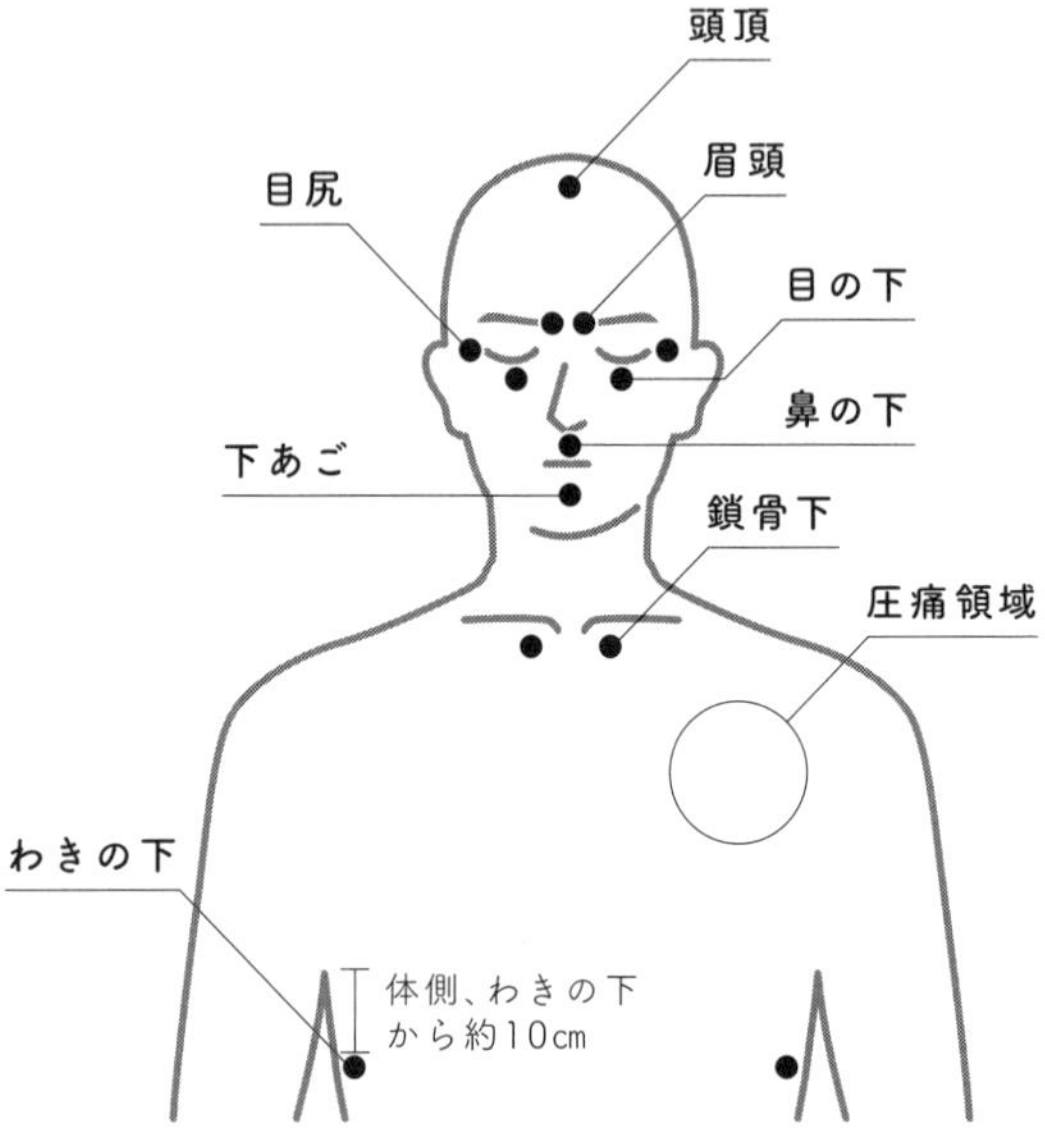
頭頂
眉頭
目尻
目の下
鼻の下
下あご
鎖骨下
圧痛領域
わきの下
体側、わきの下
から約10cm

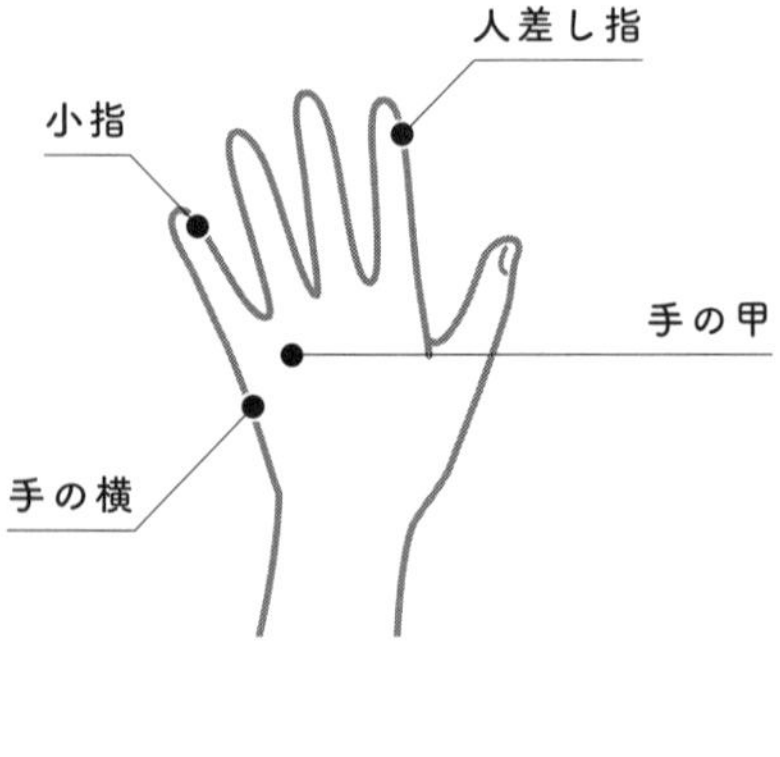
人差し指
小指
手の甲
手の横

ツボの位置

鍼ではなく指で刺激しますので、ツボの位置を厳密に気にしなくても大丈夫です。

頭頂…………頭のてっぺん、ほぼ真ん中辺り
眉頭(*)………眉頭の位置
目尻(*)………目尻から1cmほど耳側
目の下(*)……目の下、頬骨の辺り
鼻の下………鼻の下、正中線。
下あご………下唇の下の下あご、正中線
鎖骨下(*)……下あごから真っすぐ下におりて、左右の鎖骨の間にある窪みから下へ約2.5cm、横に約2.5cm
わきの下(*)…身体の横側、わきの下から約10cm下辺り
人差し指(*)…人差し指、爪の付け根の親指側
小指(*)………小指、爪の付け根の親指側
手の横(*)……手の側面(小指の方)、小指の付け根と手首の真ん中辺り
手の甲(*)……小指・薬指の第3関節の間から、1～2cmほど手首側。手の甲にある、小指につながる骨と、薬指につながる骨の間。軽く握りこぶしをつくった際に、少しくぼみができる辺り

圧痛領域……鎖骨の下、左胸の上方。押さえると痛みが感じられる辺り。(強く押さえないこと)

「*」マークのあるツボは、左右両側にあります。タップするのは、どちら側でも構いません。タップする指も、右手・左手どちらでも大丈夫です。

です。ツボの位置によっては、タップすると「何となく、ツボかもしれないなぁ」という心地よさを感じることができるかもしれませんね。

一カ所だけは例外で、左胸の上の辺り（「圧痛領域」と呼んでおきます）をゆっくりとほぐすようにマッサージしてみます。

Ｂ：困っていたり、悩んでいたり、疲れきっている自分を、肯定するフレーズを考えてみます。このとき、「（困りごとを説明する内容）があるけれど、私は自分を完全に受け入れます」という「困りごと＋受容」の形にします。たとえば、「仕事に追われてばかりで虚しい気持ちになっているけれど、私は自分を完全に受け入れます」などになります。ここでは、本心からそのように感じようとする必要はありません。タッピングの効果を得られやすくするための準備体操のようなものだと捉えていただいて、気軽に考えてみましょう。

「完全に受け入れます」という言葉に違和感がある場合には、「認めます」「受け止めます」「許します」「（自分は）大丈夫だ」などに変更していただいても大丈夫です。すっきりする表現がみつからないときには、このフレーズは無しでも構いません。

C：次に、いまの自分の悩みや苦しい気持ち、身体の辛さについて、短いフレーズや単語で表現してみます。「疲れた」「もう嫌だ」「不安」「肩こりが辛い」など、その時々の状態を言葉にしていきます。最初のうちは、表現する言葉をノートやメモに書き出して整理してから次に進むことをお勧めしています。

自分の気持ちを言葉にして表現するには、少し時間をかけてじっくりと自分を見つめなおす必要のある場合も、何となくスラスラと言葉が出てくる場合もあると思います。「身体にアプローチする方法」をおこなって少し心と体が落ち着いた状態で自分を見つめてみると、表現する言葉も浮かびやすくなるかもしれません。

D：その次は、「C」で表現したものが軽くなったり解消したりしている状態や、悩んでいたりがんばったりしている自分をいたわったり肯定したりする言葉です。「落ち着いている」「ゆったりしている」「安心」「軽くなってきた」「やっていけそうだ」「大丈夫、大丈夫」などです。

もしできそうであれば、疲れて苦しんでいる自分に対して、もう一人の自分が優しく語り掛けているようなイメージをしてみたり、元気になっている自分が独り言のようにポジティブ・トークをしているイメージをしてみましょう。「C」と同じように、はじめのうちはノートやメモに書き出しておけるとよいと思います。

【トオルさんの場合】

トオルさんは不思議に思いながらもツボの位置を一つずつ確認していきました。よくわからない箇所もありましたが、鎖骨やわきの下などいくつかのポイントはタップしてみると確かにツボを刺激しているような感覚がありました。ひと通りすべてのツボをタップしてみたところ、気のせいか少し気持ちが落ち着いて身体が楽になっている感じがありました。

フレーズについては、それぞれ以下のものを思いつきました。

B 「無理をし過ぎて疲れてばかりだけれど、私は自分を完全に受け入れます」

C いまの苦痛：「疲れた」、「口惜しい」、「情けない」、「腹が立つ」、「もう嫌だ」、「苦しい」、「ぐったりだ」、「やってられない」

D ポジティブな状態：「大丈夫」「やっていこう」「自分は自分でいいのだ」

最初は言葉にして言い表すことが難しく感じましたが、いまの苦痛については比較的たくさん書き出すことができました。一方で、ポジティブな言葉についてはあまり思い浮かばず、何とか3つ書き出したものの、それ以上は思い浮かばなかったため、そのまま次に進むことにしました。

ただ、いまの苦しみについては感じたり考えたりすることは多かったものの、望ましい状態や自分をねぎらうことを考えることは、いままでほとんど経験したことがないことに気づき、「慣れないから違和感がまだあるけれど、こういう点に目を向けることって大事なんだろうな」と感じたのでした。

これで準備が整いました。次は実践段階です。以下のように進めます。

（1）過剰適応の状態で無理をしている状態の自分を思い浮かべる。または、落ち着かなさや不安感、疲労感や倦怠感などの、心や体の感覚に注目する。

（2）（1）の状態を維持したまま、自分を受容するフレーズBをしゃべりながら、①圧痛領域をやさしく擦るようにしてマッサージする、②手の横のツボをタップする、の2つの動作をおこなう。（前述のとおり、適当なフレーズが思い浮かばない場合などには、無言のままでも大丈夫です。ゆっくりと呼吸をしながら、①②をおこないましょう）。

（3）（1）の状態を維持したまま、以下の手順をおこなう。ツボを一つずつタップしていきながら、いまの苦しみを表す言葉Cを声に出す。このとき、一つのツボを5～10回くらいタップし、一つのツボについて一つの言葉をしゃべるようにする。事前に準備したもの以外にも、思いついた言葉があれば、それを用いることもできる。声に出すことが難しいときは、心の中でつぶやくのでもよい。

タップするツボの順番：128ページの図の流れで、一カ所ずつタップしていきます。

＊ここでのツボのタップは、心や体から嫌なものが消えていくためのものです。

＊同じ手順を2回繰り返すこともできます。

＊フレーズをしゃべった後でツボのタップは続けながら、フーっと息を吐いて数回深呼吸をすることや、最後までタップしたあとで大きく伸びをしたり、水を数口飲んだりする

と、より効果を感じやすいです。

（4）【2巡目のタッピング】もう一度、ツボをタップしながら、今度はポジティブな言葉Dを声に出す。（3）と同様に、一つのツボを5~10回ほどタップし、一つのツボについて一つの言葉をしゃべるようにする。事前に準備したもの以外にも、思いついた言葉があれば、それを用いることもできる。声に出すことが難しいときは、心の中でつぶやくのでもよい。

＊ここでのツボのタップは、心や体に望ましいものを取り入れ、定着させていくようなイメージです。

＊同じ手順を2回繰り返すこともできます。

＊フレーズをしゃべった後でツボのタップは続けながら、フーっと息を吐いて数回深呼吸をすることや、最後までタップしたあとで大きく伸びをしたり、水を数口飲んだりすると、より効果を感じやすいです。

はじめのうちは、ややこしく感じることがあるかもしれません。何度か繰り返していく

タップするツボの順番

（2）の段階（126頁）：自分を受容するフレーズを喋りながら。

＊圧痛領域はやさしくマッサージするように

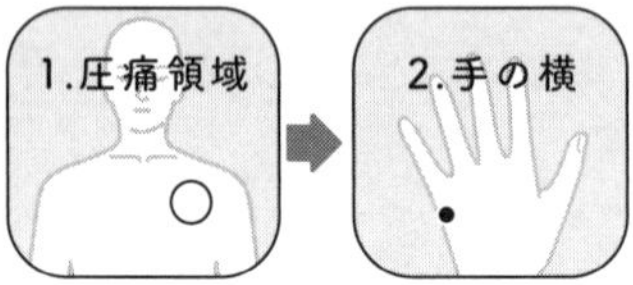

（3）の段階（126頁）：いまの苦しい状態を表すフレーズを喋りながら。2回繰り返してもよい。

（4）の段階（127頁）：ポジティブなフレーズを喋りながら。2回繰り返してもよい。

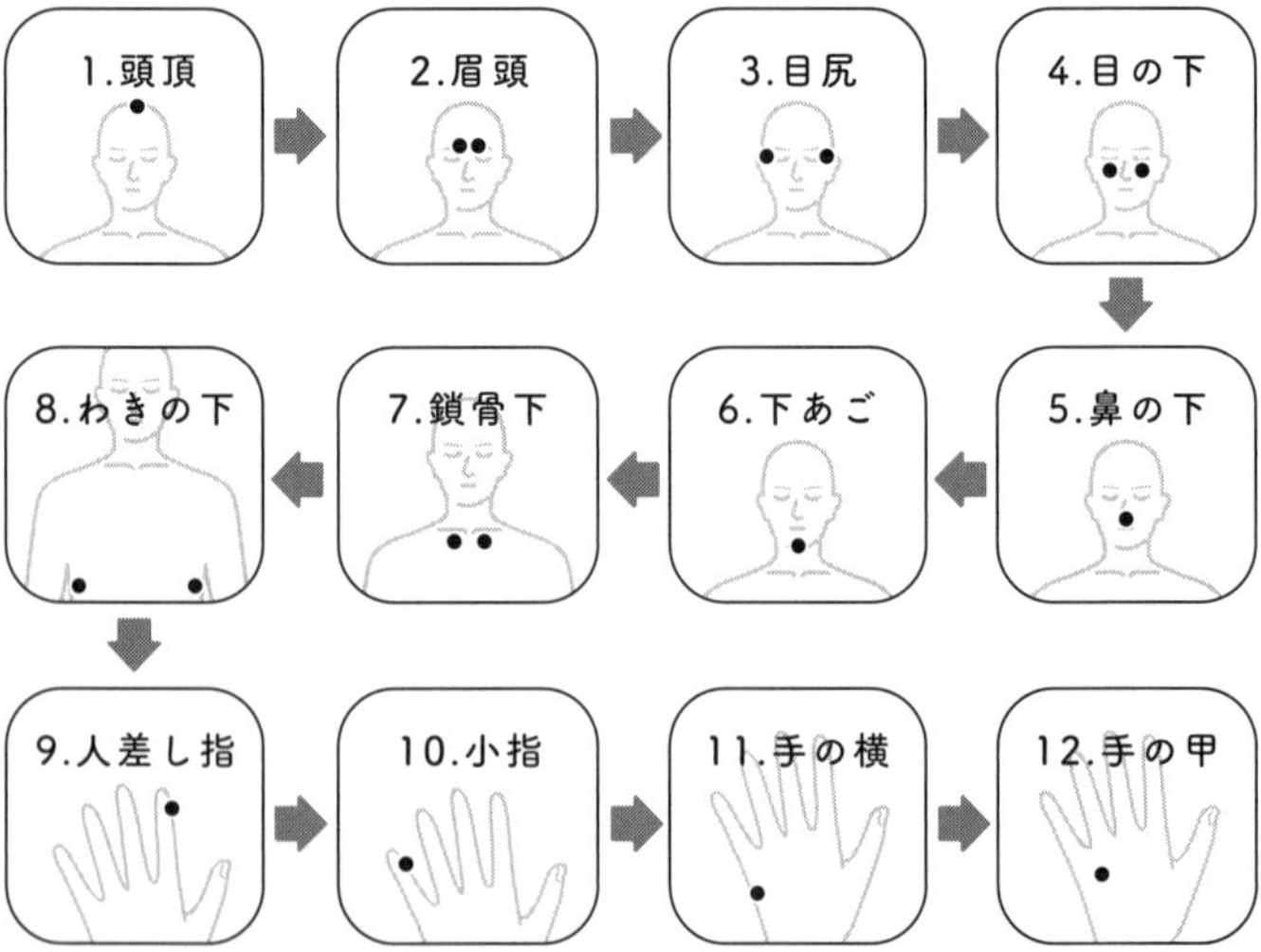

うちに、ツボの位置にとどまわなくても済むようになります。仮に手順を間違えたとしても、特に気にする必要はありませんので、気楽に試してみましょう。
まれに、タッピングをおこなったあとで深くリラックスしたり、緊張がほぐれて眠くなったりする場合があります。日常生活の行動に戻るまえには、屈伸などをして身体をしっかり起こしておくようにしましょう。

【トオルさんの場合（続き）】
（1）トオルさんは、先月の営業所長会議の場面を思い浮かべました。支社長の表情や声、会議室の部屋の空気感までが思い出されます。呼吸が浅くなって、胸のあたりが苦しくなってくるのがわかりました。全身がだるく、嫌な気持ちと、いたたまれないような焦燥感が同時に湧いてきます。
（2）圧痛領域を軽くマッサージしながら、「無理をし過ぎて疲れてばかりだけれど、私は自分を完全に受け入れます」としゃべってみました。次に、手の横のツボをタップしながらもう一度「無理をし過ぎて疲れてばかりだけれど、私は自分を完全に受け入れます」と声に出してみました。そのとき、言葉を発する息と一緒に、緊張が少し緩んだ感覚がありました。始める前よりも、深く呼吸ができるようになった感じがあります。

（3）【1巡目のタッピング】次に、128ページの図をみながら順番にツボをタップしてみました。一カ所ごとに、準備をしておいた「いまの苦痛を表す言葉」を一つずつ声に出していきます。フレーズを口にすることで、辛くて苦しかったことを認め受け入れている感じがありました。また、頭の中では気になっている案件について考えていて、口では言葉を発していて、身体はリズミカルにツボをタップしている、という3つの作業を同時におこなっているのが、とても不思議な感じがしていました。

仕事の心配事や不安な気持ち、腹立たしさや、強い倦怠感が蒸発していくように薄れていくのも感じました。「なぜだろう？　ツボをたたいたりしているから、感覚がわからなくなってきたのかな？」と不思議な感じがしました。「同じ手順をもう一度繰り返してもよい」と書かれてあるのをみて、同じ要領でまたツボをタップしながら言葉を発してみました。タップが終わってみると、やはり嫌な感覚が薄れていて、はじめる前のような苦痛を感じることができなくなっていました。緊張がさらに緩んで、少し眠い感じがしています。「これが効果なのかもな」と思いながら、次に進めることにしました。

（4）【2巡目のタッピング】今度は、ツボの位置や順番は同じでも、言葉をポジティブなものに入れ替えます。「変なことをやっているよなぁ……」と思いつつ、進めてみることにしました。

すべてのツボをタップしてみて、少しスッキリと気分がよくなったような感じがありました。トオルさんは「もう少しやってみよう」と思い、（3）のときと同じように、もう一回同じ手順をくりかえしてみました。「何か違う言葉にしてみようかな」と思いながらツボをタップしていると、他のポジティブなフレーズが自然と思い浮かんできました。「スッキリしている」「ほどほどにやっていこう」「自分は自分でいいじゃないか」「肩の力が抜けている」などでした。

タップを終えてみて、自分の状態を静かに観察してみました。（3）のときのような確かな変化はあまり感じられませんでしたが、さっき感じていた眠さが少しスッキリとして、でも心地よくリラックスしていることがわかりました。ツボを刺激したからなのか、身体がぽかぽかと温かく、血行がよくなっているように感じました。

トオルさんはそれ以降、週に何回か気になったときに、このタッピングをおこなうようになりました。ツボをタップしていくことにも慣れ、フレーズを前もって準備することもなく、「その時々に思いついた言葉でいいだろう」と気軽に取り組んでいます。

第5章

過剰適応に働きかける

第4段階

過剰適応に働きかけるエクササイズ

第4章では、過剰適応によって消耗し疲弊した自分をケアするための方法をみてきました。ここから先のステップは、過剰適応そのものにアプローチしていくためのエクササイズになります。

順番には一応の流れを意識してありますので、「1」から順々に進めていくのがわかりやすいかもしれませんが、いままでと同様に、気分や直感で気になったところから取り掛かってみるのもよいと思います。

1「過剰適応」を客体化する

さて、最初におこなうのは「過剰適応」を客体化することです。そうすることで、過剰適応への関わりが大きく変化します。必須のステップではありませんが、このエクササイズをおこなっておくことで、これ以降のステップに取り組みやすくなると思います。

過剰適応の状態で参ってしまっている方の多くが、「自分が過剰適応である」（自分＝過剰適応）というものの見方になっています。自分と過剰適応が一体になっている状態ということもできるでしょう。

このような見方になることは、とても自然で当たり前のことです。しかしながら、自分と一体化していることを問題だと捉えたり、それを変化させていこうとすると、どうしても自分自身を否定することにつながりがちです。

過剰適応を客体化することで、自分とは切り離された別の対象として捉えやすくなります。つまり、「自分が過剰適応である」（自分＝過剰適応）という図式から「自分は、過剰適応によって影響を受けている」（自分←過剰適応）という図式に転換されるのです。

そうすることにより過剰適応が一層、観察や対処できる存在として位置付けられます。自分の外にある存在ですから、その過剰適応に対処しようとしても、自分を否定する必要もありません。第3章のエクササイズで得られた効果を、さらにもう一段階前に進めるようなイメージになるでしょうか。

このエクササイズは3つのステップで構成されています。具体的な例を確認しながら、順に進めていきましょう。

①自分の過剰適応に名前をつける

過剰適応を観察したり対処したりできる対象とするためには、呼び名があると便利です。あなたの過剰適応に名前をつけてみましょう。どんな名称がしっくりくるでしょうか。そのまま「過剰適応」でもいいですし、呼びやすいように「過剰」（「かじょう」「カジョウ」）とすることもできます（漢字、ひらがな、カタカナなどの表記の仕方についても、しっくりするものを選んでみましょう）。感覚的なイメージから「ガチガチ」「イガイガ」「ハラハラ」などでもいいでしょう。

もし可能であれば、名前のほかに姿かたちなども想像してみましょう。あなたの過剰適応を擬人化して「○○くん」「△△さん」と呼ぶようにすると一層、観察や対処がしやすくなることもあります。

＊過剰適応が生じている状況などを振り返っておくと、ここでのエクササイズにも取り組みやすくなります。

ヒロシさんの場合：ヒロシさんはカウンセラーと話しながら、「弱気に押し負けてしまう」という言葉が浮かびました。そこで、過剰適応に「弱気くん」と名付けることにしました。

ヨシコさんの場合：ヨシコさんは、「いい子」と名付けることにしました。職場でも両親の前でも、自分は「いい子」であろうと無理をしていたのだと再認識していたからです。

トオルさんの場合：トオルさんは「キョウフ」と名付けました。周囲からの評価などを恐れていることから、はじめは「恐怖」にしようと思ったのですが、カタカナで書くほうが合っていると感じたのでした。

②「過剰適応」のパターンや影響を整理・観察する

今度は「自分↔過剰適応」の図式を詳しく整理・観察していきます。みなさんはすでに名前をつけているかもしれませんが、ここでの説明は「過剰適応」のまま記載していきます。

まずは「過剰適応」による影響をもう一度整理してみます。いままで「過剰適応」は、あなたにどんな（嫌な）影響を及ぼしてきたでしょうか。あなたをどんなつらい目にあわせてきたでしょうか。

この再整理は、第3章の第1段階でおこなったエクササイズの延長のようなものです。今回は、過剰適応とあなた自身は別々の存在であって、過剰適応があなたに影響を与えている（「自分↑過剰適応」）、という図式を念頭において整理してみましょう（＊第3章第1段階のメモが手元にあれば、それを活用してみましょう）。たとえば、「過剰適応が～」「過剰適応によって～」という言い回しにすると、わかりやすいと思います。

次に、普段の影響の整理をおこないます。この「過剰適応」は、普段の生活において、どんな時に現れて、あなたをどんな状態（気持ちや考え、行動など）にしてくるでしょうか。よくある一日・一週間を振りかえってみましょう。そこに何かしらのパターンや法則性がみえてくるかもしれません。

2 過剰適応になっている対象の中に、楽しみごとをつくる・さがす

過剰適応から少し距離を取ることのできる時間や場所をつくりだしていくためのエクササイズです。過剰適応の状態にちょっとした隙間をつくる、と言ってもよいでしょう。いろいろな方法がありますが、ここでは2通りご紹介します。一つは、五感で感じられる心地よい刺激を取り入れることです。これは日常的に多くの方がすでに試しているかもしれません。もう一つは行動を変えてみることです。どちらも、とてもシンプルな方法ですか

ら気軽に試してみましょう。

＊仕事以外の趣味を見つけたり再開したりする方法も非常に効果は高く、できればお勧めしたいところです。しかし、実行することができる環境が整っている方にはよいのですが、現実的に難しい生活状況にある方も少なくないはずです。ですので、ここでは仕事の中で変化を作ることを考えることにします。

①五感で感じられる刺激を取り入れる

自分の好きなもの、リラックスするもの、楽しい思い出と関連するものなど、「過剰適応」によってガチガチになっている自分をホッと緩めてくれるようなものの助けを借りるのです。好きな色やキャラクター、食べ物や飲み物、香り、オフィスでも使える手軽な健康器具など、役に立ちそうなものであれば何でもいいのです。

【ヒロシさんの場合】

ヒロシさんは最近、仕事や家庭以外の事柄に気持ちを向けてみようと自然と思えるようになってきました。そうすることが、仕事にも家庭にも一層集中できることがわかってきたのです。それでも、趣味や娯楽のために時間やお金を費やすだけの余裕はありませんでした。実際には工夫ができるのかもしれませんが、いまはまだ、そういう気持ちにはならないのです。

そこでヒロシさんはいくつもの工夫をおこないました。まず、個人のスマートフォンに保存している画像のうち、子供や妻の写真を選び、いつでもすぐに見ることができるようにしました。昼食後など休憩中に少し時間を取って、フーっと身体を緩めながら写真を眺めていると、ゆったりとした気分になります。そして「よし、もう少しがんばろう」と思えるのでした。

その他に実践できるもの（例）：自分の好きな色の小物や文房具を机など目に見えるところに置く、好きな香りのコロンやハンドクリームを使用する、好きなキャラクターや芸能人のグッズを持ち歩いたり、カードやシールを手帳に挟む、触り心地の良いハンドタオルや背あてクッションなどを使用する　など

＊できるだけ手軽に始められるものから、いろいろと気軽に試してみるのがお勧めです。

②行動を変えてみる

仕事や日常生活でいつものようにおこなっている行動に、小さな変化を作ってみます。過剰適応を緩めてくれる可能性のあるものであれば、どんなものでもよいのですが、ここでは「遊び」を取り入れることと、「人間関係を広げる」ことを例に挙げてご紹介します。

遊びを取り入れる：生活のなかで「遊び」を取り入れようと思っても、ヨシコさんはすぐには何も思いつきませんでした。「昔に遊んでいたようなものが参考になるのかなぁ？」「そのうち、何か思いつくかもね」そう思いながら数日経ったころ、一つの遊びを思い出しました。

学生のころ、アルバイト先の友達から教わった数字遊びです。車のナンバーや、時刻などの数字を四則計算して「10」にする、というルールです（たとえば、21時34分なら、2、1、3、4の4つの数字。2×4－1＋3＝10と、計算結果が10になるように組み合わせるもの）。これなら何の準備も必要なく、いつでもおこなうことができます。

道路を歩いているときは行きかう車のナンバー・プレート、駅では電車の発車時刻が目に入ってきます。職場では時刻や商品の値段、タグについているバーコードにある数字をちらりと見てみます。「仕事中に不謹慎だよなぁ」とはじめのうちは抵抗感もありましたが、仕事に支障がない範囲で続けていました。

効果はてきめんでした。心配事や困りごとが頭の中をぐるぐると巡っていても、数字を見ると自動的に数字遊びが始まるようになり、考えや気持ちの切り替えが自然とできるようになりました。頭も活性化される感じがあって、以前よりも判断力が向上したような感じさえあります。最近はバーコードにある下4桁から徐々に数字の個数を増やして6つの数字で計算をするようになっています。

トオルさんが思いついたのは「エレベーターの使用禁止」でした。文字通り、勤務時間中はエレベーターを使用しないことにしたのです。スポーツをやっていた頃、トレーニングのために駅ではエスカレーターではなく階段を使い、電車やバスでは座席に座らないなど、自主的に取り組んでいたことを思い出したのです。その方法をいまの生活に合わせて変えてみたのです。ただし、緊急の場合や顧客と同行している場合、非常階段の使用が制限されている建物の場合、食事の直後は例外としてエレベーターを使用してよいこととしました。

トオルさんのオフィスはビルの5階にあります。毎日、非常階段を使って上り下りをしますが、訪問する客先は、さらに上層階にあることも珍しくありません。はじめのうちは疲れて大変でしたが、久しぶりに身体を動かすことの気持ちよさを感じられるようになりました。階段を使うための時間調整（以前よりも早めに移動する）も必要でしたが、ゲームをしているような感覚で、むしろ楽しんで取り組むことができました。

また、職場の同僚や上司、顧客との雑談で話すと「俺もやってみようかな」と仲間が増えたり、「思っていたよりも、面白い方なんですね」と顧客との話題が盛り上がったりと、想像していなかった影響も見られるようになりました。

人間関係を広げる：「いまさら、人間関係を広げるといってもなぁ……」と困ってしまったヒロシさんは、普段の自分のコミュニケーションを振り返ってみることからはじめてみました。誰と、どんな時に、どんな交流をしているのかを観察することにしたのです。

すると、業務に関することと以外では、ほとんど人と会話をしていないことに気がつきました。職場で仕事以外の話をすることにためらいがあったからです。チーム・マネージャーになってから、その傾向が急に強くなった気がします。

周囲の人たちの様子も含め、さらに観察を続けてみました。そして「自分から人に話しかけることは、必要最小限になっている」「周りの人たちは、想像していた以上にいろいろお喋りをしている」ということがわかりました。

「無駄なお喋りをしない、というのは意識して実践していたけれど、会話そのものは他の人と同じ程度だと思っていたのに。しかも、自分からもたくさん話しかけているつもりだったけれど、それはただの思い込みだったんだ」と、思ってもみなかった観察結果に驚きを隠せませんでした。

以前は、ヒロシさんもたくさん会話をするほうでした。それが、だんだんと責任のある仕事を担当するようになり、さらに家庭生活との両立を強く意識するようになってから、職場で会話をすることが減っていったのでした。少しでも仕事を効率的に、早く終わらせようと、できるだけ目の前の業務に集中する必要があると考えていたからです。

ヒロシさんはさっそく、自分から周囲に話しかけることを心がけました。以前は「いちいち確認する必要もない」と考えていたことや、社内メールで通知していたようなことも、できるだけ直接話しかけるようにしたのです。

思っていたよりも違和感なく、自然と会話をしている自分に気がつきました。そうやって会話が増えていても、決して業務効率が落ちているとは感じられませんでした。そして、それどころか、業務に関する情報共有や意思疎通が以前よりもスムーズになり、職場が以前よりも快適で安心できる場所のような感覚がありました。

カウンセラーとの面談で、ヒロシさんは言いました。「いまは適度な緊張感で仕事に集中することができている時間が増えてきた気がするんです。以前は『孤高な真剣勝負』をしているような感じで、神経が張りつめた状態で仕事していました。それが当たり前になっていたけれど、いま考えるとかなり無理をしていたんだとわかります」。

3 良い加減な適応をみつけ広げる

適度な範囲の適応（＝「良い加減な適応」）に注目したエクササイズです。ただし、仕事や周囲への関わり方を急に変えようとすることには、いろいろな難しさを伴うと考えられます。

「よし、明日から『良い加減な適応』をしよう！」と決心したとしても、なかなか思った通りに振る舞うことができず「やはり自分はできないのだ」という思いを強めてしまうことになりかねません。ですからこのエクササイズでは、すでにあるものを探し出して、それを増やしたり広げたりしていくことにします。

①「過剰適応」がやってきていない時の自分の状態

どんなものにも例外があるように、私たちの過剰適応にも例外があります。つまり、仕事など過剰適応の状態になっている対象においても「それほど過剰ではない適応」や「とても適当でいい加減」な状態になっている場面が私たちにもある、と考えるのです。

たとえば、普段は神経質なほど過剰に完璧な仕事を進めようとこだわるのだが、案件Aではなぜか自由に伸び伸びと取り組んでいる、上司Bに対してはなぜか自分の意見を率直に主張することができる、などのように。このような「過剰ではない適応」(「良い加減な適応」)をみつけ、それを広げていく作業です。

「過剰適応を客体化する」エクササイズをおこなった方は、名前をつけた「過剰適応」がやってこない時や、あるいは現れたけれども通常よりも短時間で影響が薄れていった時や、影響が小さかった時を探してみる、という作業になります。

どうしても思い当たらないという場合には、たった一度のできごとでも、あるいは過去の・別の状況でも構いません。客先での打ち合わせが長引いたことにして喫茶店で仮眠をとったことがある、転職する前はダラダラだった、学生バイトの頃は店長の目をぬすんでよくサボっていた、高校生のとき風邪をひいたと嘘をついて部活をサボったことがあるなど、どんなことでもいいのです。

【ヨシコさんの場合】

しばらく考えてみましたが、ヨシコさんは職場や両親との関係で「いい子」がやってきていない時、という場面を思い出すことができませんでした。仕方なくあれこれと考えているうちに、学生時代のアルバイトのことが思い出されました。

朝早く起きるのが苦手なヨシコさんは、午前中のシフトで働くのが苦痛でした。ある時ヨシコさんは、勇気を振り絞って「今後は午後や夕方のシフトだけにしたい」という希望を店長に伝えたのでした。

ドキドキしながら店長に伝えたのですが、店長の反応は「そうなんだ、わかった。じゃぁ来月からでいいかな？」と、思いのほかアッサリとしたものでした。たったそれだけのことなのですが、「自分の主張が受け入れられるのか」「自分が希望していることを相手に要求してもいいのか」とヨシコさんにとっては衝撃的な体験だったのです。

その後も、レポート課題が重なってどうしても忙しい時や、風邪をひいて体調が良くないときなどには、店長に相談をしてシフトの調整をしてもらったことが何度かあったことを思い出しました。また、困ったことがあったら店長に相談すればよいことを、ユミに助言してあげたことも思い出しました。

②その時の自分に名前をつけて存在を確認する

①でみつけた「過剰適応にならないでいられている状態の自分」に、名前をつけてみましょう。「お気楽さん」「自由人」「だらだら」など、何かフィットしそうな感じがしたり、

特に違和感がない名前ならどんなものでも構いません。難しく考える必要はありませんから、気楽に考えてみます。

さて、名前をつけることができそうでしょうか。そのあなたは、普段はあまり（ほとんど?）表に現れることがないかもしれませんが、確かに存在するあなたです。この「確かに存在する」または、「かつては存在していたことがある」という事実がとても大切なことなのです。「自分の中にも、そういう部分があるんだなぁ」「自分でも、そんなふうに振舞うことがあるんだよなぁ」ということを、じっくりと、しっかりと実感してみましょう。

このステップは、これだけです。これだけですが、一つのステップとして区切るくらい、大切な手順です。

【ヨシコさんの場合】

「ヨッチャン」と名付けました。そのアルバイト先で皆から呼ばれていた名前です。「真面目にバイトしていたけれど、あの頃はもっと楽しんで仕事をしていたよなぁ」と昔の自分を振り返る機会にもなりました。

③その自分のことを考える、その自分になってみる

それでは、そのあなたについてもう少し思い巡らしてみましょう。そのあなたは、どんな考え方をしている、どんな性格のあなたでしょうか。何をしたいと思っているでしょうか。どんな一日、どんな一週間を過ごすでしょう？　人生や生活において、何を大切にしていきたいと思っているでしょうか。そんなことを自由に想像してみましょう。そしてできれば、後から読み返すことができるように、思い浮かんだことをノートにメモしてみましょう。

その自分は、あなたの中に確かに存在する自分です。普段は表現される機会があまりないかもしれませんが、気づかないところで発揮されているかもしれません。その自分の行動や振る舞いをイメージの中で何度も眺めてみましょう。そして実生活のなかで、「その自分ならどんなふうに振る舞うだろうか？」と想像してみましょう。もし可能であれば、その自分になりきってみて、実際に行動してみましょう。

【ヨシコさんの場合】

「ヨッチャン」について想像してみました。「ヨッチャン」は、自分の都合や体調を大切にしながら全体を見て動くタイプ。自分の役割や責任をきちんと果たしたいと思っているけれど、それ以外のところまで無理をして背負い込むことはしない。人と接するときも落ち着いて、堂々としている。

そんなヨッチャンだったら、どんな一日・一週間を過ごすだろうか、と想像をしてみました。ヨッチャンだったら、元気なときは元気に振舞うし、調子が良くないときはそれなりに振舞うだろう。職場にいるときも、姿勢よくテキパキ動くけれど、気持ちが張りつめていなくてリラックスと適度な緊張感を保っている感じだと思う。

お昼には、休日に作り置きしたおかずを詰めたお弁当を食べて、余った休憩時間に仮眠をとるか、身体を緩めるエクササイズをおこなっているはずだ。人生をたのしむことを大切にしていて、忙しい日にも帰宅する頃には気持ちを切り替え、自分をいたわるエクササイズをおこなっているだろう。

ある日の昼食時、ヨシコさんは「この後、ヨッチャンになったつもりで動いてみよう」と決心しました。比較的体調の良い日で、「いまならイケるかも」と直感的に思いついたのです。

特に変わった行動や振る舞いはありませんでしたが、身体がとても軽く感じられました。いつもなら特に理由もなく気が張っていて、自分を元気に見せないといけない、という感じがしているのですが、ヨッチャンになってみたときはその感じが薄れて楽な感じでいられるのでした。

それからも時々、思いついた時にヨッチャンになったつもりで仕事をしたり、休日を過ごしたりするようになりました。生活が一変したわけではありませんが、確かな変化の兆しを感じることができ、自分に希望や自信を持てる感じがするのでした。

オプション：こちらはオプションです。自分以外の人物がおこなっている「非・過剰適応」な振る舞い方や考え方などを真似て、自分のレパートリーに取り込んでいこうというものです。人間には、第三者の行為を見るだけで、それを意識的・無意識的に模倣する傾向があります。テレビドラマや漫画、映画の登場人物の行動や考え方から影響を受けることも、この傾向によって説明できる部分があります。今回はこの傾向を、過剰適応への対応に活用するのです。まずは見習いたい行動を、身近なところで探すことからはじめていきましょう。

オプション1　見習いたい・模倣したい存在や具体的な行為を選ぶ

あなたの周りにいる人物で「自分も、こんなふうにできるといいだろうなぁ」という行動をとっている方を探してみましょう。生き方や人柄全てを見習いたいという存在でなく、具体的な特定の行動だけで大丈夫です。実在する人物ではなく、映画の登場人物、歴史上の人物でも、真似をしてみよう、取り入れてみようと思える行動を探してみましょう。

ここで気をつけたいのは、その行動や振る舞いを「自分もそうしてみたい」と素直に思えるかどうかです。「あんなふうにできればいいけれど、自分にはできそうにない」「ああいう振る舞いをすれば楽だろうけど、人として受け入れがたい」というものよりも、もっと自分にフィットしたものを探してみましょう。実際には、「あの人のような人物になりたい」とは思わないし、なれるとも思わないけれど、あの行動は見習いたい」というものが見つかりやすいかもしれません。

オプション2　その人の行動を観察する・その人ならどうするか？を想像する

特定の人物や行動を選んだら、今度はそれをじっくり観察してみましょう。場面やタイミング・表情・立ち居振る舞いなど、できるだけ事細かに興味深く観察してみます。選択した人物がいまは直接お会いする機会のない方であれば、印象に残っている場面を振り返って思い出してみます。映画や漫画などの登場人物であれば、その人物が登場するシーンを振り返ってみましょう。

そしてその人物や行動を、具体的な場面に当てはめてみます。あなたの過剰適応がやってきている場面で、その人ならどんな判断をするか・どのように振る舞うかを想像してみましょう。表情や動作、声のトーンなど、できるだけ詳細にイメージしてみるのです。

オプション３　実際に行動してみる・なりきってみる

今度は実際に行動してみます。「あの人なら、ここでこんなふうに判断するだろう／こんな発言をするだろう／こう振る舞うだろう」という想像をして、そのイメージに合わせて行動してみるのです。しっくりこない部分があっても大丈夫です。何度か試してみましょう。最初のうちは、「過剰適応」があまり強く現れていない場面から始めてみて、徐々に適応範囲を広げていくのが得策です。事前にイメージの中で、自分がその方のように振る舞っている姿をリハーサルしてみるのも効果的です。

【トオルさんの場合】

①トオルさんが選んだのは、以前にお世話になった上司ヤマダさんでした。現在はトオルさんとは別の支社に所属していて、そのエリアの営業統括部長を担当しています。トオルさんが30代の頃、ヤマダさんが所長であった営業所に所属していました。

豪放磊落を絵にかいたような人物で、決して粗野なところがなく、明確に主張をしつつも自分の責務は誠実に全うする人でした。売り上げには厳しい面がありましたが、あくまでも合理的で、「できることを徹底して実行する」「遊ぶときは遊ぶ」という方針で、営業所には適度な緊張感が保たれて全体の士気も高く、営業成績は常に上位に位置していました。

②そしてヤマダさんのかつての振る舞いを思い浮かべました。「ヤマダさんと同じようにはなれないけれど、見習いたいところは多い」とあらためて感じることになりました。社内の会議や打ち合わせ、顧客との商談場面のほか、部下とのコミュニケーションなど、「キョウフ」（トオルさんが名付けた過剰適応）が現れやすい状況について、「ヤマダさんなら、こうするだろうな」という想像を繰り返してみました。

想像してみた行動はすべて、いたって常識的で当たりまえのもののように感じられました。「いつの間にか、不自然なほどに自分が無理をするような仕事の仕方になっていたのだなぁ」と改めて自分自身の行動に気づくことになり、変化していこうという決意やモチベーションも高まったのでした。

③かといって、急に行動を変えてみるのは勇気のいることです。トオルさんはまず、部下とのちょっとした関わりから変えてみることにしました。挨拶や雑談などの場面で、いままでよりも大きな声で、相手の顔をしっかりみて関わることにしたのです。ヤマダさんならこんな感じだな、と想像しながら。そうしていると、業務に関する指示や打ち合わせでも、以前より積極的に部下に関与できる場面が増えていきました。

社内の会議や顧客との商談でも、ヤマダさんを意識すると、自然と姿勢がよくなって会話のテンポや展開も積極的なものになっていきました。だからといって不自然な感じはなく、会話がまずい方向に向かうこともありません。周囲との関係について、いままでとは少しずつ異なるアプローチをとることができる、という実感が徐々に強くなっていくのでした。

4 良い加減な適応を広げる

これまでは具体的な手法に当てはめながらおこなうものでした。いってみたら、型どおりに実践する基礎編のようなものです。今回は大きな枠組みだけを意識して、自由に実行していく応用編です。「課題を立てる」「実行する」「自己評価する」の3ステップを繰り返していきます。ＰＤＣＡサイクルを回していくのと似たものだと考えてもらえるといいかもしれません。

①課題を立てる

「良い加減な適応」である行動を新しく広げていきます。どんな行動をおこなうことにするか、課題を立ててみましょう。

1 具体的・明確で、

2 達成できそうな難易度で、

3 肯定文で言い表すことができるもの（×「～しない」、○「～する」）、
であることが大切です。

ここでは大きな課題にチャレンジすることよりも、小さな課題に成功することを積み重ねることを重視します。変化に取り組んでいることや、少しずつ変化していることを、実感できることが大切だからです。

②実行し、自己評価する

実際に行動することができたら、それを振り返ってみて自分で評価してみましょう。実行してみた感想、どれくらいうまく実行できたのか、どのあたりがよかったかなどを自己点検するのです。うまくできた部分は入念に確認をし、改善点に気がついた場合には次回に活かせるよう具体的に検討してみましょう。

そして、次の課題を設定します。まったく同じ課題でもいいですし、少しだけ難易度が高い課題にしてみてもよいでしょう。タイプの異なる課題に切り替えて挑戦することもできます。

もし「うまくいかなかった」という場合は、課題の立て方に無理があったと判断します。その課題を実行するには、自分や周りには時期尚早だったか、タイミングが良くなかったということです。そして、もう少し難易度を下げた課題を設定し直すか、タイプの異なる課題を検討して、実行してみましょう。いずれにしても、大きく一喜一憂するよりも、静かに着々と成功を重ねていくほうが長期的にはプラスになりやすいようです。

【ヒロシさんの場合】

ヒロシさんはまず、営業部門との打ち合わせ場面での「良い加減な適応」を広げてみることにしました。具体的には、打ち合わせの場で結論を出すのではなく、「判断を保留して持ち帰る」ことにしました。いつもは無批判に「わかりました」と受け入れてしまっていた行動に変化を作ってみることにしたのです。

ヒロシさんは、「良い加減な適応」をしている自分に「グレーなヒロシ」と名前をつけていました。白黒をはっきりさせないで、グレーな部分を持っていたり判断ができる自分、というイメージからの命名でした。打ち合わせの際には、事前にグレーなヒロシになりきる準備をして臨みました。

結果はうまくいきました。いつもなら「わかりました」と言っていた場面で、「うーん、そうですねぇ」と前置きをして、わざと困った表情をしながら、でも明確に「ちょっと持ち帰らせてください」と返答したのです。「たったこれだけのことなのにな」と苦笑いしながらも、ヒロシさんは設定した課題を達成できたことをしっかりと確認しました。次回はもっとスムーズに実行することができそうです。

次の段階の課題ももう考えています。以前なら納期をギリギリのところで設定していましたが、今度は十分に余裕を持たせた日程を提示してみることにしました。もちろん、ごり押しをするつもりは毛頭なく、交渉をする上で最初に提示する条件としてです。ヒロシさんは「これって、交渉の基本なんだろうなぁ。いままで正直すぎたのかもなぁ」と、改めて自分自身を振り返りました。

5 周囲の協力を得る

過剰適応の状態にあると、人に頼ったり、協力を求めることにも躊躇したり罪悪感を覚えることになります。そのために、人に頼るくらいなら、つらい思いをしてでも一人でがんばる方を選択しがちになります。それが過剰適応をさらに増大させるわけです。言ってみれば、悪循環ですね。

ですが、ここまでのエクササイズを通して、みなさんの過剰適応にも何かしら変化が生じ始めています。そろそろ、周囲に助けてもらうことを始めていってもよい段階だと思うのです。これまでのエクササイズはすべて、あなた個人が一人で行うものでしたが、今回は周囲の方に協力してもらいながら進めていきます。

周囲から協力を得て、過剰適応に変化を起こすことを効果的に進めていくと同時に、「周囲から協力を得る」こと自体が過剰適応の変化となります。ちょっとややこしいお話になりましたが、内容はいたってシンプルです。具体的な説明に移りましょう。

①協力を求める相手を検討する

まずは、どなたに協力をお願いするかを検討します。以下の2つの条件をある程度満たしている人物を探してみましょう。

1 あなたの過剰適応のことを説明すれば理解してもらえる（あるいはすでに理解してくれている）。

2 あなたが過剰適応について変化したいと思っていることを、説明すれば理解してもらえる（あるいはすでに理解してくれている）。ご家族でも、友人・知人でも、どんな方でも構いません。

②過剰適応について伝え、協力を依頼する

その方に、あなたの過剰適応についてお伝えしてみましょう。そして、過剰適応との関係を変えていきたいと思っていることや、具体的な実践をおこっていくことについても説明をしてみましょう。そして、その実践や取り組みを応援してもらいたい、という意向を伝えます。

具体的な依頼の内容は、依頼する相手との関係によっても異なってくると思います。自分の活動をその人に応援・協力してもらうなら、どんなものがよいかを検討してみましょう。以下の3点を軸にすると、まとめやすいと思います。

- 自分が取り組んでいることを、気にかけておいてほしい
- 自分が取り組んでいる経過について報告をするので、それを聴いてほしい
- ときどき、「最近の調子はどう?」などと、声をかけてほしい

慎重に人選したつもりでも、もしかすると「もっとガムシャラにがんばるべきだ」と、あなたの意向にかかわらず過剰適応であり続けることを一方的に強要する方がいるかもしれません。そのような場合には、「意見をありがとう」と伝え、本件については他の協力者を探しましょう（そのように強要する理由について尋ねてみると、反面教師的な見解が得られるかもしれませんが、ここでは後回しでよいと思います）。

一方で、「過剰適応はよくない。○○をしなさい。△△をしなさい」と、あなたの意向を確認せずに一方的に助言や指導を伝えてくる方もいらっしゃるかもしれません。その場合には、「助言をありがとう。参考にさせてもらいます」「具体的な助言を受け取ると、その助言に過剰適応になってしまう」「いまは自分のペースで取り組むことが大切だと思うので、それを応援してもらいたい」などと伝えてみましょう。

③経過を報告し、過剰適応についてお喋りする

過剰適応との関係がどのようになっているか、同居しているご家族であれば週末など少しまとまった時間があるとき、職場の同僚であればお昼のランチのとき、日常的にお会いする機会のない方であればSNSなどで、それぞれ報告をしていきます。

【ヨシコさんの場合】

①②ヨシコさんは迷うことなく、ユミに連絡をとりました。紹介してもらった本を読んで自分なりに実践していることや、その手ごたえについて報告しました。そして次のエクササイズが「周囲の協力を得る」ことだと説明し、協力を依頼したのです。

ユミも「専門的なことは私にはわからないし、基本的にはいままでみたいにお喋りしてればいいんだよね?」と確認をしたうえで、快諾してくれました。こういう、何かを押し付けてこようとしないユミの態度は、ヨシコさんにとってとても安心できます。

③ユミと直接会う機会を増やすことはしませんでしたが、いままで続けているSNSでのやりとりの際、「いい子」や「ヨッチャン」の様子、実践している「良い加減の適応」などについて触れることにしました。
また、直接会って話すときは、「いまから『過剰適応』の報告するね」と時間を区切って、報告をすることに決めました。一人で過剰適応に取り組んでいたときよりも、心強い感じがします。また、過剰適応を一層客体化できているような感覚があり、振り回されず着実に変化を起こしていける自信がついてきました。

オプション：「過剰適応」に取り組んでいる者同士で集まる
ちょっと想像してみてください。もしヒロシさん、ヨシコさん、トオルさんの3名がSNSなどで知り合い、お互いが過剰適応に取り組んでいることを知ったとしたら、どんな会話がなされるでしょうか？　自分の過剰適応にどんな名前を付けたか、どんな課題を実践してみているかなど、共通するテーマを持つ者同士で、盛り上がるかもしれません。

ときには「今日はすっかり【いい子】に圧倒されちゃいました」「自分も最近【キョウフ】に呑み込まれがちで、バテバテですよ」など、うまくいっていないことも共有し、笑い話のように語り合える場になるかもしれません。

メンタルヘルス関連だけでなく、同じような問題や課題に取り組んでいる方たちが集まって、お互いに支援し合える関係をつくっていく、という取り組みがあります。実際には個々人で事情は異なりますが、どこか共通する部分があって、分かり合える仲間関係が作られます。もしもそのような機会があれば、プライベートな部分には踏み込まない範囲で、適度な距離を保ちながらも、お互いの助けになるような関係をつくってみられるといいですね。

ここまでヒロシさんたちのストーリーを紹介しながら、タイプの異なるエクササイズを段階的に紹介してきました。

過剰適応の状況や変化したい方向性も異なりましたが、3人が共通して感じたことがあります。それは「自分のために何かをする」ことの新鮮さと大切さでした。

仕事のため、家庭のため、周囲のために自分のことを後回しにして、身を削りながらがんばり続けていた彼らは、いつの間にか「自分のため」という感覚すらもどこかに忘れてきてしまっていたのでした。

そんな彼らにとっては、「自分のために時間や労力をかけてエクササイズに取り組む」という行為自体が、過剰適応に変化を及ぼすきっかけとなったことでしょう。

いま現在のみなさんも、過剰適応の状況や希望する変化の方向性もさまざまと思います。私たちは自分のために何かをしてもよいのです。もちろん、やってもよい、と思えるもので、実際に行動できる範囲のものから始めていきましょう。

【参考図書】
慈悲の瞑想 フルバージョン 人生を開花させる慈しみ　アルボムッレ・スマナサーラ（著）サンガ
セルフ・コンパッションのやさしい実践ワークブック　ティム・デズモンド（著）中島美鈴（訳）星和書店
ブリーフセラピー入門　日本ブリーフサイコセラピー学会（編）遠見書房
やさしいフォーカシング―自分でできるこころの処方　アン・ワイザー・コーネル（著）

大沢美枝子他（訳）　コスモスライブラリー

1分間ですべての悩みを解放する！公式EFTマニュアル　ゲアリー・クレイグ（著）ブレンダ（監訳）山崎直仁（訳）　春秋社

TFT〈思考場〉療法入門―タッピングで不安、うつ、恐怖症を取り除く　ロジャー・J・キャラハン（著）穂積由利子（訳）　春秋社

タッピング・ソリューション：ストレス・フリー1分間の奇跡　ニック・オートナー（著）ブレンダ（監訳）山崎直仁（訳）

第6章

過剰適応のさまざまなケース

私たちは家庭や学校、職場等において何らかのストレスを経験し、幼少期から老年期に至るまで、周囲の他者や置かれた状況に少なからず自分なりに合わせながら生きています。人生の中で、ある程度の適応は生きていくために必要なものといえます。

一方で、適応が行き過ぎて、対人関係も含め、必要以上に周囲に合わせようと無理を重ねることが続いた場合、適応行動が徐々に自身を抑制する方向（自己主張を回避する等）へと働くようになり、「過剰適応」が生じてしまうことが考えられます。

そして、職場や家庭において、必要以上に上司や組織、家族や他者に合わせて行動したり、周囲から求められる役割や期待像に沿うべく過剰に努力を続けますが、やがて心身共に疲れて、徐々に周囲との関係性も変化していく場合も少なくありません。

ここで、キャリア面も含めて、休務中の心理的支援を通して関わった、職場で見られる過剰適応例をご紹介したいと思います。なお、事例に関しては、一般的な表現に工夫する等、慎重に配慮した上で、記載させていただきました。

事例1

評価を落とすまいとしての過剰適応

【Aさん 30代男性 企業営業職(入社9年目)】

Aさんは明朗で人当たりが良く、好印象を持たれるタイプで、中学から大学まで運動部で活躍しました。大学卒業後、両親の希望もあり地元の有名企業に就職し、2年前に結婚して実家近くで妻との2人暮しです。

明るく快活で仕事熱心

入社後、Aさんは持ち前の明るい笑顔や体力、フットワークの良さを活かし、某支社で8年間好成績を維持し、親近感ある素朴な人柄で上司や取引先との付き合いの良さでも人脈を作ってきました。

「明るく快活で、週末も顧客や上司から頼まれれば精力的に対応する営業職」として、結婚後もノルマ達成のためにかなり努力を続けました。そして、8年間の業績が認められ、ゴルフで何度か一緒になった本社のB部長にも期待されて、4月から念願の本社営業部門に異動となったのです。

Aさんは毎日帰宅が遅く、土日も職場の行事やゴルフ等に出向くことも多く、妻は週末にはゆっくり過ごしてほしくて心配しつつも、毎朝元気に出勤する夫を見守る日々でした。

念願の本社異動後、自分の能力不足を感じて焦る

異動後、Aさんは本社で働ける嬉しさの反面、B部長や直属の上司C課長の業務の進め方にとまどい、支社と勝手が違い緊張することも多くありましたが、早く慣れなくては！と意欲的に業務に取り組んでいました。

しかし、本社の同期や後輩が多くの専門知識や情報等を有し、効率良く業務をこなす様子に、Aさんは不安や焦りを強く感じました。

一方で、Aさんは常に明るく振る舞い、疲れていても会合や行事に必ず出向く等、今まで以上に懸命な努力を続けましたが、支社での経験が通用しないことも多く、成果には十分に結びつかず、自信低下の日々が続きました。

5月半ば、本社に出張した元上司のD支社長から「週末に少しは身体を休め、無理しすぎるなよ」と声をかけられましたが、当時のAさんに気持ちの余裕はなかったようです。

5月末、Aさんは複雑な事務処理に手間取り、C課長から「新人じゃないんだから、本社業務に早く慣れてくれないと困るよ。部長や僕の期待を裏切らないでくれよ！」と皆の前で言われました。

Aさんはかなりショックを受け、その後、不明点を尋ねづらくなり、徐々に未処理業務が増えていきました。帰宅後は妻との会話も減り、疲れて布団に入っても寝つきが悪く、仕事の夢で何度も目覚めたり、出勤前は動悸が強まるといった状態が生じ始めました。

体調を崩して医療機関を受診することに

6月半ば、D支社長は本社C課長から、Aさんの業務が停滞し、接待やゴルフも当日欠席した連絡を受けました。「中堅として期待していたが、本社は難しいのでは？」とのことでした。

C課長からAさんに保健師との面談を勧めた際、「大丈夫です。少し疲れただけです」と答え、面談に行かなかったことを聞いたD支社長は、Aさんに現状を確認した上で、本社の保健師への相談を勧めました。

翌日Aさんは保健師と面談し、産業医との面談を勧められましたが、面談を受けることで評価が下がることが心配で、「もう少しがんばってみます」と笑顔で答えました。しかし、Aさんの勤務状態は改善せず、C課長から夏季休暇を前倒しでの休養を勧められました。

7月上旬にAさんは土日を含め9日間休みましたが、休暇明けの通勤時に動悸や吐き気が強まって出勤できなくなり、電話で相談した保健師から社外専門機関への受診・面談を勧められ、当日相談室に来室しました。

保健師によると、昨年までの健康診断結果やストレスチェック結果、また支社在職時の巡回面談では特に問題はなかったとのことでした。

第1回面談

Aさんは帽子を目深にかぶり、黒いサングラスで来室しました。それは営業中の同僚に出会う心配から、見られる意識が強いAさんの自己防衛とも考えられました。

暑中の来室をねぎらい、基本方針や守秘義務等の説明を行って、初回面談では信頼関係構築をはかりつつ経緯を伺いました。

Ａさんは頼まれたら嫌と言えず、常に笑顔で関係先とも良好な状態を保ちつつ、支社での業績につなげてきました。しかし、本社ではこれまでのやり方が成果に結びつかず、不眠や動悸症状が生じており、不安や焦りもあってつらい状況が続いている様子でした。

現状が懸念されるため、専門医への受診をお勧めしたところ、Ａさんは翌日受診し、「適応障害により、しばらくの間休養を要する」との診断で、睡眠導入剤と抗不安薬が処方されました。

当日、ＡさんはＣ課長と保健師に電話で受診結果を伝えました。

主治医からは、心身症状の改善に向けて服薬治療しつつ、今後も心理職との面談を勧められ、隔週での継続面談となりました。Ａさんから、受診翌日に引き継ぎして休務となったことを伺い、「今後、睡眠や動悸症状が少し改善してきたら、お仕事やご自身の傾向について考えましょう」とお伝えしました。

第2回面談（休務2週間後）

睡眠状態や動悸症状は徐々に改善傾向にある様子で、Aさんは根底に能力面での不安を抱えながらも、上司や顧客の評価が気になり、営業職としてノルマ達成に日々懸命に努力してきたことを話しました。当日実施したエゴグラム結果からも、常に周囲に配慮し、どう思われるか？を過剰に意識して行動してきたことが顕著に見受けられました。

上司の期待を裏切れない思いもかなり強かったのですが、予想以上に本社業務は難しく、困惑が続いて自信低下する中で、上司から皆の前で厳しく言われたことを機に、不明点を尋ねにくくなり、業務が停滞して出勤時に苦しさが増したようでした。

「セルフチェックシート」では、抑うつ気分や不安・焦燥感、億劫感、だるさ、日常生活（起床／就寝時間、食事・服薬回数等）を数値で記入いただき、行動できたこと（受診・面談来室・部屋の片づけ等）も毎日記録して、隔週の面談時に持参いただくことにしました。

第3回面談（休務1ヶ月後）

チェックシートから、朝は抑うつ感があるものの、寝つきや中途覚醒、動悸は少し改善し、体力面は徐々に回復傾向にある様子がうかがわれました。

食事は摂れているが、運動不足で休務後に少し体重が増えたとのこと。認知傾向シートでは、Ａさんは過大／過小評価傾向や部分的焦点づけ、短絡的に結論づける傾向が見られました。

そして、本社で挑戦したい目標はあるものの、実務では専門知識や判断力の不足を感じ、今までの評価が低下することへの不安や焦りが相当強かったことがわかりました。

第４回面談（休務１ヶ月半後）

Ａさんは体力面が70％程度回復してきた様子でしたが、精神面で不安（自信のなさや評価への懸念）が強いことを話しました。そこで、Ａさんの「強み」と「自身が気づいている課題」について一緒に考えてみたところ、次の点が挙げられました。

「強み」

①体力があり運動も得意で、フットワークが良い
②人が好きで初対面でも話せる
③協調性がある

「課題」
①客観的分析や抽象的思考は少し苦手
②相手に対し「ノー」を言いにくい
③周囲の目や評価を気にしすぎる

課題①に関しては、本社業務は現状では成果への直結が難しく、経験も必要であり、資質向上への努力の継続と、周囲の理解や支援を要することが考えられました。

次に、課題③が根底にあり、②が生じていることが考えられ、課題②の「ノー」の伝え方について、具体的に場面設定してアサーションワークを実施し、検討を行いました。

そして、自己肯定感を少しずつ持てるようになることを課題として、Aさんが現状の生活でできていることを具体的に挙げていただき、妻との散歩や買物、自宅でのストレッチ等、軽い運動も取り入れてみることを提案してみました。

第5回面談（休務後2ヶ月目）

生活リズムも安定し、体力面はほぼ回復してきた様子で、気力の安定度を高めるため、主治医より休務を1ヶ月程度延長し、10月半ば以降での復帰を視野に入れて、通勤練習も兼ねて図書館への通所を勧められたとのことでした。

そこで、回復段階チェックで気力安定期〜復帰準備期であることを確認し、体力維持と気力の安定にも留意しつつ、Aさんのキャリア面をともに再考しました。

Aさんは就活時、職業特性や適性等を深く考えず、両親の強い希望もあり入社しましたが、支社では上司や先輩にも恵まれ、個人顧客営業に面白さも感じ、ノルマ達成を続けました。

そして、念願の異動後、本社業務で必要とされる能力や資質不足を実感し、それらを補う時間が必要であると自覚しました。一方で、常に上司や周囲の評価を懸念しつつ、過剰に無理を続けてきたことにも気づきました。

今回の休養期間に、Aさんは初めて自身の強みや課題、適性や働き方について、客観的に考える機会を得た様子でした。

第6回面談（休務2ヶ月半後）

その後、主治医から今後の業務内容等の環境調整によって、10月から2週間ほど時短での試し勤務後、10月半ばから復職可能との診断が出ました。そして、直近2週間の生活記録表を保健師に提出後、産業医面談予定となりました。

このことを踏まえ「職場再適応支援チェック」にて、生活面と仕事関連の各項目の確認を行い、再発予防のポイントについて面談を実施しました。

面談後、Aさんは主治医と産業医の各意見書を踏まえ、復帰後は本社内でサポート業務を行い、今後は必要以上に無理せず、再度、支社業務から出直したいとの意向を、自ら産業医や上司に伝えることができました。

その後の経過

Aさんは10月から本社営業部門のサポート業務（内勤）での試し勤務（1週目は午前中、翌週は15時まで）を経て、3週目に復職して定時勤務となりました。

職場復帰前後には、産業医や保健師による面談があり、復帰後は隔週で2回、その後は月1回、復帰後3ヶ月まで、私も継続面談を実施しました。

そして、会合やゴルフも「主治医や産業医の許可が出てから」と自ら伝えることができたことは、再発予防につながることもお伝えしました。

その後、職場で環境調整がなされた結果、Aさんは翌月以降の3ヶ月間は本社からサポートの形でE支社に出向き、翌年4月より正式にE支社に異動となりました。

復職後の減薬期間を経て、4月以降は服薬なく勤務ができているとのことでした。

Aさんとの面談を振り返って

Aさんは休務期間を通して、休務に至った要因を振り返り、自身の認知・行動傾向や働き方に向き合えたことで、能力面の不安から周囲の評価を常に気にして、ノルマ達成維持のため、過剰に無理を続けてきたことに気づくことができました。

そして、自ら本社上司や産業医にも現状を伝え、支社への異動希望を申し出ました。これは現実逃避ではなく、今後も元気に働き続けるためにAさんが自ら選択したことでした。生来の体力面の強さや妻の理解や支援があったこと、また職場の上司、保健師等による助言・支援もあり、環境調整をはかることで、Aさんは比較的短期間で復職ができました。

その後、Aさんから連絡をいただきました。E支社では強みも活かしつつ、ゴルフは月

1回、関係者との飲食も無理せずに、週末は休養したり、妻との時間や業務関係の資格取得のための勉強時間等にあてながら、元気に勤務継続できているそうです。

休務を通しての気づきや行動改善が、今後のAさんの働き方や人生にとって、新たな一歩となれば幸いに思います。

次に、職場と家族への両面で過剰適応が生じた事例を紹介したいと思います。

事例2

役割を果たそうとしての過剰適応

【Bさん　20代前半女性　小学校教諭（入職1年目）】

Bさんは幼児期に父親と死別後、母親の実家で祖父母（祖父は元教育職、祖母は主婦）と母親との4人暮しです。Bさんは小学校時代から優等生で努力家で、大学でも一目置かれ、採用試験に合格して小学校教諭となりました。

信頼され期待される優等生

看護師の母は夜勤や残業も多く、一人娘のBさんは祖父母が主に世話をしてきました。祖父は父親代わりの存在で、「勉強も行動もきちんとして、人のために尽くす仕事を目指しなさい」「相手を不快にしない行動を心がけなさい」等をよく口にしていたそうです。

躾は厳しいが優しく面倒見のよい祖父母と過ごす時間が多かったことや、仕事疲れで時に苛立つ母親の姿を見てきたことから、Bさんは母親を困らせたり反抗的な言動はなく、家族にとって自慢の孫であり娘でした。

Bさんは、小中学校時から成績も上位で協調性もあり、担任や同級生からも信頼される優等生で、高校進学後も好成績で部活動や文化祭でも活躍しました。そして、祖父が勧めた教員への進路を考えるようになりました。

Bさんは、大学でも研究や教育実習、サークルやボランティア活動にも熱心に取り組み、後輩の面倒見もよく、指導教授や周囲からも頼りにされる学生でした。年頃の悩みはあったものの、勉学面や友人関係での大きな葛藤経験はなく、念願の小学校教諭となりました。

保護者からの電話がきっかけで泣き出してしまう

初年度、Bさんは遠隔地勤務となり、初めての一人暮しでのとまどいや淋しさもありましたが、一方で母親や祖父からの開放感もあり、目指す教師像を心に描き、早く学校に慣れようと努力を続ける日々でした。

徐々に学校現場に慣れつつあった7月上旬、問題行動の多い生徒の母親Cさんから学校に頻繁に電話があり、副担任Bさんの対応の不備を何度も指摘され、叱責されました。

Bさんは誤解しているCさんに言い返せず、Cさんの話を黙って聴くうちに涙が溢れ、隣席の教諭たちが心配して声をかけても、うまく答えることができませんでした。

以後、Cさんには担任教諭や管理職が対応することになり、やがて夏休みに入りましたが、Bさんは9月の参観授業や運動会準備もあり、実家にはお盆のみ数日間の帰省でした。

保護者による詰問から参観授業に失敗、体調を崩す

9月中旬、Bさんは丁寧に準備した参観授業に向かう廊下でCさんに突然呼び止められ、電話に出ないことを詰問されました。

参観授業中もその言葉が思い出され、教室内でCさんの厳しい表情を目にして言葉が出

なくなり、頭が真っ白になりました。

Ｂさんは教壇で立ちすくんだまま泣いてしまい、担任教諭がカバーしてくれましたが、今まで挫折経験のなかったＢさんにとって初めての失態で、耐えがたい経験でした。

そして、参観授業での失態を「教師として失格だ」と強く思い込み、生徒を心配させ、保護者に「ダメ教諭」と思われたと感じ、Ｂさんは授業への不安感が日ごとに募りました。


その後、Ｂさんは参観授業の夢で夜中に何度も目覚めたり、食欲低下が生じ、出勤中に息苦しさを感じるようになりました。Ｂさんの元気ない様子に担任教諭や学年主任も心配して何度も声をかけましたが、Ｂさんの表情は徐々に硬くなっていきました。

10月中旬、職員室で涙が止まらなくなり、息苦しさも強まって、学年主任や教頭から勧められて、Ｂさんは当日医療機関を受診。「抑うつ状態で、２ヶ月程度の休養を要する」と診断され、休務することになりました。

Ｂさんは、休務後１ヶ月は睡眠状態の改善と不安症状軽減に向け薬物療法中心に過ごし、体調も少し回復しつつあった休務２ヶ月目に主治医からカウンセリングを勧められ、11月中旬に来室されました。

主治医からは、Bさん了解のもとで、事前に治療経緯の概要および服薬（抗不安薬・睡眠導入剤）状態のご連絡をいただき、初回面談を実施しました。

第1回面談（休務1ヶ月後）

初回面談では、基本方針と守秘義務等について説明し、Bさんとの信頼関係構築に努め、これまでの経緯と現状について伺いました。そして、今後は主治医と連携しながら、現状の改善に向けて面談継続となりました。

Bさんは表情もまだ硬く「学校が怖い」と話しました。

参観授業を機に、生徒の前に出づらくなり、「このままじゃいけない。生徒たちに嫌われたくない。保護者にダメな先生と思われたくない」と思う一方で、息苦しさで動けなくなったこと、そして、心身共に疲れて職員室で涙が止まらなくなり、なぜ泣いているかも伝えられず、椅子から立ち上がれなかったことを話されました。

Bさんの当時の気持ちも共有しつつ傾聴し、心身健康度を回復段階表で確認後、今後は隔週での面談予定をお伝えして、前述のセルフチェックシートに毎日数値を記録して、次回に持参いただくことにしました。

Ｂさんは小学校から大学まで、素直で性格も良い優等生として教員や同級生からも一目置かれ、周囲から求められる期待像を維持してきたと言っても過言ではありません。学生として、教師として、「あるべき姿」を常に追い求めてきたＢさんは、基盤となる自身の正直な気持ちやあり方を振り返る時間を持てないまま教壇に立ち、生徒や保護者への過剰適応が生じていた可能性が考えられました。

そして、参観授業を機に自信低下が顕著となり、生徒や保護者の評価が過剰に気になり、神経をとがらせて過ごす中で、徐々に心身が疲弊して休務となったことが推察されました。

第２回面談（休務１ヶ月半後）

前回お渡ししたチェックシートでは、睡眠状態や食事、生活リズムは徐々に改善しつつある様子でしたが、不安や自信のなさ、人と会うことに億劫感が見受けられました。

家庭でも自慢の良い子として成長してきたＢさんは、家族に休務を伝えておらず、現状を知られたくない思いを話しました。

母親を嫌いではないが、いつも忙しそうでゆっくり話したことは少なく、祖父母との時間がBさんの考え方や人との接し方の原点になっていたことが考えられました。

また、Bさんの思考傾向（～せねばならない、～であるべきだ）には、祖父の考え方が少なからず影響を及ぼした可能性も拝察されました。

一方、温かく優しい祖母は、家族の中で一番話しやすい存在であり、Bさんの帰省を家族も心待ちにしているとのことでした。

面談後の受診では、主治医から「回復傾向にはあるが復帰はまだ難しく、さらに2ヶ月程度休務を要する」診断書が出ました。

第3回面談（休務2ヶ月後）

就寝・起床時間がほぼ一定し、食事も摂れており、午後から時に昼寝もあるものの、近隣で買物等、短時間の外出が可能になってきたとのことでした。

自室でヨガも少し楽しめるようになり、寝る前に日記をつけて気持ちを正直に書いているとのことで、波はあるものの、抑うつ気分は徐々に減少しつつある様子でした。

不安・焦燥感チェックでは、「今後に自信が持てない」箇所にマークが続き、認知傾向への気づきに向けた面談を実施し、無理のない範囲で、現状でできていることを続けてみるようお伝えしました。

第4回面談（休務2ヶ月半後）

生活リズムも安定が見られ、「失敗＝×ではなく、失敗経験から何かを学べたとしたら、という視点からどんな気づきが得られたか？」について、思考バランスシートに記述いただき、休務期間を「Bさん自身の気づきを今後の成長へとつなげる時間」として考えてみることを提案してみました。

そして、家族に現状を伝えられず、ずっと胸のつかえがありましたが、「祖母にならば話せるかもしれない」とのことで、年末の帰省時に、祖母に現状を伝えてみることになりました。

第5回面談（休務3ヶ月後）

心身ともに回復傾向が見られ、気力の向上や安定を目標に面談を実施しました。

帰省時に祖母に現状を話した際、祖母はBさんの肩を抱き、「今までよくがんばったね。つらかったたね。もうそんなに無理しなくていいよ」と何度も背中をさすりながら言ってくれたそうです。

今まで家族に心配かけまいと努力してきたものの、肩の荷が重い時もあったことや、多忙で時々苛立つ母には、甘えたくてもずっと我慢してきたことも、祖母に話せたことで、心が少し軽くなったことを伺いました。

Bさんは、年末年始に大好きな祖母の手料理を食べ、料理も教わったことも嬉しそうに話しました。そして、母親や祖父との関係については、「無理のない範囲で、今後の面談で一緒に考えていきませんか?」と提案しました。

第6回面談(休務3ヶ月半後)

主治医から近くの図書館への通所を勧められ、午前に徒歩で通うようになった復帰準備期での面談です。心身ともに前回以上に回復傾向にあり、生活リズムも安定し、午後は昼寝せずに過ごせている様子でした。

Bさんは自分が生徒や保護者から慕われ、「何事もきちんとできる先生」でありたい思いや評価懸念がとても強かったと話しました。

参観授業では、保護者Cさんの姿に動揺し、「しっかり授業しないとダメ教師と思われる」と思うと、教壇で不安や緊張が一層強まり、動けなくなってしまったそうです。

他者から常に良く思われたい意識が強く、理想とする「あるべき教師像」を強く持っていたBさんは、参観授業での失態や自身にも大きな×をつけていたことを語り、当時の状況や気持ちを客観的に振り返ることができるようになりつつありました。

そこで、今後は再発予防のポイントについて面談予定とし、Bさんなりのストレス対処法をワークシートに記入して次回持参していただくことにしました。

さらに、集中力回復に向けて、授業時間を想定し、図書館で50分集中して読書後に10分休憩したり、通勤時間帯での通勤練習も勧めてみました

第7回面談（休務4ヶ月後）

その後、Bさんは午前に図書館通所を継続し、午後も家事や買物、ヨガ等をして、勤務時と同様の生活リズムで過ごせており、体力・気力ともに80%程度回復してきました。

主治医から復帰可能診断書が出て、1ヶ月程度の試し勤務を勧められたとのこと。

3月末まで休務を延長し、産業医による面接後、学校長等による環境調整のもとで試し

勤務を実施し、問題がなければ産業医面接を経て、4月より正式に復帰予定となりました。ストレス対処法として、①その場で深呼吸する　②抱え込まず、担当教諭等に相談する　③日記をつけて気持ちを整理する　④散歩やヨガを楽しむ　⑤祖母に話を聴いてもらう等が挙げられました。

睡眠・食欲の変化や心身症状が生じた時は、早期の主治医等への受診やカウンセリングの活用も再発予防につながることを伝えました。

学校教諭の職場復帰は、授業や生徒・保護者対応、教室運営、校内分掌等、通常の復帰よりハードルが高く、教壇に立てるかどうかも必要とされ、1ヶ月半の試し勤務期間は、Bさんが参観授業の出来事を客観的にどのように理解しているか、また授業への不安や懸念等についても留意しながら、慎重に面談を実施しました。

第8回面談（試し勤務開始時）

試し勤務期間には、正式復帰に向けて隔週で3回面談を実施しました。

第1週は午前中のみ、第2週は14時まで、第3週は16時まで、第4週以後は17時まで勤務となり、体調や気分の安定度を確認後、職場再適応支援チェックリストにも記入いただきました。

試し勤務実施前に学校長から連絡があり、通勤練習も兼ねて放課後に学校に出向き、校長室や職員室に立ち寄ってみたとのこと。不安もありましたが、校長や教頭が温かく出迎え、「一人で抱え込まず、困った時は遠慮せず相談してください」と言ってくれたので気持ちが楽になったそうです。

第9回面談（試し勤務2週間後）

試し勤務初日は大変緊張しましたが、職員室では先生方の温かな笑顔での対応に、ホッとして嬉しかったとのこと。第1週は職員室で3時間の机上業務、第2週以降はほどよい疲れはあるものの、働ける喜びも感じながらの日々とのことでした。

そして、Bさんに、気分の波があること＝×ではなく、正式復帰に向けて、誰しも多少の波を感じながら、準備し調整する時期であることを伝えました。

今後は、健康度を維持しながら、無理せずに試し勤務を続けていくこと、そして困った時には周囲や担任教諭に尋ねてみること等もBさんと確認しました。

第10回面談（試し勤務1ヶ月後）

授業練習では、最初は緊張や不安もありましたが、徐々に落ち着いて授業ができるようになり、Bさんは試し勤務を無事に終えました。

生活リズムも安定し、その後に産業医面接を経て、4月より正式復帰が決まりました。そして、職場復帰後も通院・服薬を継続し、主治医からは、今後の様子を見て、数ヶ月後から徐々に減薬予定であるとのことでした。

Bさんは担任教諭や学年主任からも今後に向けた具体的助言や支援を受け、教師としての新たな一歩を踏み出し、肯定感と笑顔が少しずつ増えてきていました。

そして、再発予防のポイントも振り返り、Bさんは休務に至った要因を客観的に話せるようになり、復職後のセルフケアの実践や周囲に相談することの大切さ等を再確認しました。

初回面談時のBさんは、休務となった教諭の自分も、休務自体も×という考え方が強かったのですが、現状でできていることや努力していることに視点を向けて、前向きに捉えることができるようになり、休務中の自身の行動にも徐々に○が増えていきました。

職場復帰後の面談（復帰後2週間～3ヶ月まで）

Bさんは4月より支援教諭として復帰し、主治医や産業医の意見も踏まえ、その後3ヶ月間に復帰後面談（隔週2回、その後月1回）を実施しました。復職後1週目は春休みで、2週目に新学期が始まりました。

そして、①休務期間中に自身の傾向や家族との関係を振り返る時間を持てたこと ②学校での環境調整により、管理職や担任教諭等の支援を得て、段階的に復職できたことに感謝し、復帰後1ヶ月を無理しないように過ごしました。

その後、職場再適応チェックシートで現状も確認しつつ、月1回の面談を実施しました。Bさんは心身の健康を維持しつつ、教師としての経験を積むことを目標として、継続勤務できており、私からは「休務期間が、今後のBさん自身や教師としての職業人生に大切な気づきが得られた半年だったと位置づけることができたらいいですね」と伝えました。

Bさんとの面談を振り返って

本事例は、家族への過剰適応も含む休務事例と考えられますが、面談を通して、Bさんは教師である前に、自身のこれまでをあらためて見つめ直す時間を持ちました。
そして休務を機に、祖父の期待に応えるべく「教師」という職業を選択し、「いつもきちんとした教師・心配かけない自分でいなければ」との思いもかなり強かったことにも気づくことができたのではないかと思います。
今後は、母親や祖父との関係についても継続面談を希望しており、少し落ち着いた時期に、キャリア面での支援も含め面談予定です。

【参考文献】

メンタルヘルスと職場復帰支援ガイドブック　日本産業精神保健学会編　２００６年
どう進める？　職場復帰支援の実務　廣　尚典著　財団法人産業医学振興財団　２０１１年
適応障害　原田誠一編　日本評論社　２０１１年
もしかして適応障害　会社で壊れそうと思ったら　森下克也著　２０１９年
産業ストレスとメンタルヘルス　日本産業ストレス学会編　２０１２年

第7章

過剰適応の人にどう関わるか

1　部下が過剰適応だったら

過剰適応している人は、第2章で説明されているように、そのような行動をとるに至る様々な背景を個別に抱えています。そのため、その背景の可能性に配慮しながら可能な対応をしていくことになります。部下のプライバシーを考慮すると上司の立場でできる対応には限界がありますので、状況に応じて専門家の活用や人事との連携をしていきましょう。

上司として、過剰適応の人をどう見つけるか

①部下の言動から

部下自身が自分のことを大切にできているかどうか、自分のための時間を作っているかどうか、他者の望み・利益だけを考えて行動していないか、をチェックしてみましょう。

②周囲の反応から

人が過剰適応しているときは、「一見高く見えるその適応力を周囲があまり評価していない」という状況がよく観察されます。もちろん適応している人への嫉妬が原因で評価しない人もいます。

観察するのは「職場に十分適応している人たちの反応」です。周囲の適応的な部下が、一見適応しているように見える特定の部下を冷めた目で見ている、心理的に距離を置いている場合は過剰適応の可能性が高くなります。

その他にも、その特定の部下に対して、苛立った様子で細かい指摘を繰り返す、おだてたり攻撃したりしながら行動をコントロールしようとしている、など上司から見て気になる反応をする人が出てくることもあります。

上司としての関わり方

①仕事への過剰適応の部下に上司がとりがちな行動と対策

〈とりがちな行動〉

仕事に対する意欲が高い言動が多いため、その部下の発言を鵜呑みにして、どんどんこちらの期待を伝えてしまいそうになることがあります。また「○○さんがいると助かるなぁ」「皆にも○○さんを見習ってほしいものだ」「その調子でがんばって」など本人の過剰適応行動に高い評価を与えてしまい、部下の過剰適応行動を強化してしまう人もいるでしょう。

〈**対策**〉

部下の過剰適応に気がついたときは、過剰適応であることを率直に指摘するのも悪くない方法です。ただしすぐに効果が出るとは限らないことも知っておきましょう。

部下が自分の欲求を意識できない場合は混乱して不安定になることもあります。「○○さんはこの職務に専念してください」といった上司命令（指示）でその部下の仕事を限定することが効果的な場合もあります。

マンパワーに余裕のある職場であれば、適度な働き方を具体的に誰かが指導することも可能ですが、余裕のない職場や適切な指導者が見当たらない場合は、専門機関の利用もご検討ください。

少し乱暴なやり方かもしれませんが、自分のやり方に破綻する経験が成長につながることもあります。「そんなやり方は長く続かないと思うよ」などと声をかけながら、破綻のタイミングを予想し、破綻したときに職場の仲間でフォローしつつ本人に自覚を促すという方法です。この方法を若い時分に自ら経験したことのある上司の方は案外多いのではないでしょうか。

②家族への過剰適応の部下にとりがちな上司の行動と対策

〈とりがちな行動〉

家族に過剰適応の場合、職場の優先順位が必然的に低くなりますから、上司としてはその部下もしくはその家族に不満や怒りを感じてしまうことが多いのではないでしょうか。嫌味のひとつも言いたくなるというのが正直なところでしょう。

職場の上司には部下と家族との関係に介入する権限がありませんし、部下のワークライフバランスを大切にしている上司の方も多いと思います。部下の過剰適応に疑問を感じつつ結果的に協力させられてしまっている方もいることでしょう。

〈対策〉

家族関係に介入しようとすれば部下やその家族が不満を持って当然です。しかし上司が本人の過剰適応に協力してしまうと事態は悪化していきます。職場として部下に要望を明確に伝え、職務に専念してもらうことは、労働契約上当然のことです。

上司が本人の過剰適応に協力すると他の部下の不満につながり、職場における本人の居心地を悪化させる危険をも伴います。家族に対する行動選択は原則として部下自身に調整してもらうこととし、職場としては淡々と要望を伝え、客観的に部下の勤務評価をしていくことが可能な対応でしょう。

職場の姿勢が一貫していることで、自分なりのバランスのとり方が身についてくる人も多くいます。それでも部下が無理をして調子を崩したときには、適切な専門機関を紹介してみるなどの対策をとることが必要です。

③人間関係への過剰適応の部下にとりがちな上司の行動と対策

〈とりがちな行動〉

人間関係への過剰適応の人は、要望を積極的に出すタイプの他者（顧客、同僚、家族、友人など）との関わりが濃密になりがちであり、そのことが職務遂行のバランスを崩すことにつながっていることが多くあります。上司としては、冷静に仕事の優先順位を見極めるように指導をしたくなるのが当然であり、実際に指導が必要でしょう。しかしそれだけでは問題が解決することが少ないのも現実です。

〈対策〉

❶上司としての要望を伝えつつも、❷それを本人が検討できる場（例えば組織理解ができている家族との対話、カウンセリングなど）を持っているかどうかがポイントです。このとき、❶と❷がそろっていることがとても重要です。職場の求める要望が明確である方ほど、部下が検討するべき問題に焦点が当たりやすくなりますので、上司としてはより明確な要望を示すことが大切となります。

上司として介入するタイミング

過剰適応の部下がいる場合に上司の方が心配すること（予防したいこと）は、以下のようなことではないでしょうか。

- 周囲から本人の期待通りの評価が得られないことで本人が不調になる。または他者を攻撃する。
- 周囲が本人のしんどさに気づかず、誤解する（「余裕がある」「楽しそう」「やりたがっている（のでどんどんやらせてあげよう）」）。
- よくない意味で利用する同僚、顧客が出てくる。
- プレッシャーを感じる同僚が出てくる。
- 嫉妬、癇に障る、うざったいという気持ちから、本人にいじわるしたくなる同僚が出てくる。

それらのことを少しでも予防するためには、介入のタイミングを計ることも大切になってきます。ここでは過剰適応の部下に介入可能なタイミングをいくつか提示します。

①部下が泣きついてきたとき

上司が部下の過剰適応に気づいていたかどうかとは別に、過剰適応の部下が精神的苦痛や泣き言を訴えてくることがあります。それは上司が過剰適応の部下の課題と向き合うチャンスの一つとも考えることができます。

②部下の限界が明らかになってきたとき

部下自身が「大丈夫です」と不調を認めようとしない場合でも、周囲が当人の限界を明確に感じるときがあります。例えば身体の不調が高頻度で現れるときなどがそうでしょう。免疫力の低下により流行性の病気にり患しやすくなる人や、腰痛、頭痛など身体の痛みが続く人もいます。人によっては周囲への攻撃性が増して不平・不満・暴言が多くなったり、その人の本来の能力からは考えられないようなミスが頻発したりすることもあります。過剰適応とは高ストレス状態にあることですから、ストレス反応が頻発してくるということです。

③周囲とトラブルになりかけている、もしくはトラブルが生じたとき

過剰適応の人の周りにいる人は、居心地の悪さを感じることが多く、その結果さまざまなトラブルが生じることも少なくありません。

他者の要求に抵抗を示さず従順に対応していると、それを利用しようとする管理職、同僚が接近することも多く、顧客から過剰な要望を引き出してしまうことも多々あります。顧客対応に同僚が巻き込まれた場合、その負担感から職場内に険悪な空気が生まれやすくなります。あるいは、顧客対応をしている同僚らの姿を見て、同様のことを自分も求められているとプレッシャーを感じた人が、精神的余裕をなくしてしまうこともあります。

そのような状況が続けば、過剰適応の人の存在を疎ましく感じて攻撃的な対応（叱責、嫌がらせ、悪評を流すなど）をする人が出てくるのは必然と言えるかもしれません。

④上司が気になったとき

ここまでのような事態に至っていなくとも、勘の良い上司の方は、「このままではいずれどこかで不具合が生じるだろう」と感じ、未然に何らかの対策をとりたいと考えることでしょう。可能な限りの予防を試みることも良いでしょうし、トラブルが生じたときに備えて準備をしておくのも良いでしょう。

過剰適応の部下に対して上司がとるべき具体的な対策〔基礎編〕

ここでは部下のプライベートに踏み込みすぎない範囲で上司に可能な対策の例をご紹介します。

①業務について細かく具体的な指示を出す

過剰適応の場合、周囲から見て「そこまでしないほうが良い（場合によっては、しないでほしい）」と思われる行動が様々な場面で見られます。そういった行動を業務命令として、制限する方法があります。その指示の出し方も「～してはいけない」という禁止よりも、「○○については、△△するようにしてください」とこちらの望む行動を具体的に示す方がより効果的です。

〈例〉

窓口業務のAさんは、顧客からの要望に対して、「できるだけ早くお応えしなければ」といつも焦った対応をしています。上司は「もう少し落ち着いた対応を」と伝えてきましたが、Aさんの行動に変化は見られません。そこで「相手に聞き取れるよう少しゆっくり話してください」「人や物にぶつからないように歩きましょう」といった具体的な内容に変えたところ周囲からは少し落ちついた行動に見えるようになってきました。

②気づきにつながる業務命令を出す（成長につながる経験をさせる）

上司は部下に業務命令を出す立場です。その権限を活かして部下の成長を促している方も多いと思いますが、それを過剰適応の部下に効果的に活かすという方法もあります。

〈例〉

若手社員のBさんは、周囲からの要求に対して笑顔ですぐに対応し、自らも積極的に気を利かせる動きを見せていました。周囲は「いい新人がきた」と本人を高く評価する一方、「若いとはいえ、1年持たないのではないか」と心配する声もありました。

上司も周囲もさりげなく「がんばりすぎないように」と助言し続けましたが、9月に入ったある日、Bさんは突然身体が重いと感じ、起き上がることも困難になりました。

心療内科を受診し、1週間の休暇の後元気に出勤を再開しましたが、その1週間後に症状が再発。上司から社内カウンセリングを提案し、本人も了解したため、主治医の了解を得てカウンセリングを実施しました。上司は「半年以内に不調を繰り返さず働けるようになること」を本人の課題として提示し、1ヶ月おきに定期面談を実施すると伝えました。

本人は当初、自身の不甲斐なさを訴え、「ご迷惑をかけた分がんばります」など発言していましたが、症状は悪化。「すみません。すみません」と謝り続けるBさんに、上司は本人の1日分の仕事を限定し、他の人の仕事については、「手を出さず観察し、気づきを報告するように」と伝えました。Bさんは次第に、「この半年間、周りの人たちがかけてくれていた言葉の意味が少しずつ身に染みてくるようになった」と話し、「良い働き方というものを自分一人で決めつけていたのかもしれない」「一生懸命やらないと職場で受け入れてもらえないのではという不安が強すぎた自分」に気づいたと報告するようになりました。

③部下を否定しない言い方で
こちらが感じていることを率直に伝える（フィードバック）

部下がどのような考えで行動しているのかをいくら想像しても、他人である上司にそのすべてが把握できるはずはありません。しかし、上司は上司なりに部下と接していて何かを感じるのもまた事実です。

上司の感覚は上司自身のものですから、それを部下に提示してみるというのはいかがでしょう。例えば、「あなたを見ていて、こちらは○○と感じています」といった具合に。

過剰適応の部下の場合では、以下のような例が考えられます。

- 「仕事が足りない、もっともっと仕事をください、という感じに見えるけれど、仕事に追われていないと落ち着かない性格なの？」
- 「なにか焦っている？」
- 「いつも笑顔なのは素晴らしいことだけれど、無理をしているのだとしたら、こちらはちょっとつらいよ」
- 「○○さんにも苦手なことがあると分かって、少し気が楽になった」
- 「勘違いだったら失礼なので確認させてください。そこまでするのは相手に恋愛感情があるのかな、なんて感じることがあるのだけれど。もし自分がその人の立場だったらそう感じるだろうと思うのです」

もっと気の利いた言い回しができている方や思いつく方もいらっしゃると思います。皆さんが感じられていることを言葉にしてみてはいかがでしょうか。

④疑問を投げかけ、見守りながら、偶発的な気づきに期待する(成長を待つ)

③と似た方法で、こちらの疑問を投げかけ、部下自身が考えることを促す方法です。部下の気づきがショックを伴うものになることが予想される場合、そのショックを和らげる準備を事前にしておく意図もあります。

〈例〉

貪欲な向上心を持っているCさんは、周囲は利己主義者と感じている先輩の「あなたのためになるから」という発言を素直に受け止め、利用されていきます。周囲は2人の関係を訝しがり心配していましたが、Cさんは「いい人ですよ。皆誤解しています」と受け付けず、先輩の業務のフォローやカバーを率先して行っていました。

Cさんが次第に疲弊していく中、上司は、

「人と人が仲よくするのはいいことなのだろうが、周りは2人の関係を見ていてあまりいい雰囲気を感じられないでいる。2人は今の関係を続けたいのかもしれないが、職場内で周りが不愉快に感じる関係というのはどうなのだろうか」

と問いかけました。

その後Cさんは、先輩が同僚との会話の中で「Cがやりたそうだからやらせてあげているんだ。便利な後輩だ」と自分のことを嘲笑している姿を目撃しショックを受けます。上司の言葉を思い出し、それまで心配していろいろと声をかけてくれていた周囲の気持ちに気づいたCさんは、そのショックを周囲に打ち明け、受け入れてもらいました。

⑤失敗を経験として生かす支援

不調をきたさないよう周囲が早めに助言をしていても考えが変化せず不調に至る例も少なくありません。とはいえ、助言されていた人はその時点でようやく周囲の意図に気づき学びにつながることも多くあります。助言はけっして無駄ではないのです。

部下の不調は、可能な限り避けたい事態かもしれませんが、それでも部下が不調に至った際には、それを今後に生かす取り組みが大切となります。

⑥メンタルヘルスの基礎知識を伝えてみる

メンタルヘルスの研修を実施されている企業も多いことと思いますが、研修内容は分かったようで分かっていないことも多いものです。特に余裕がないときほど、研修内容は思い出せないもの。上司からさりげなく基礎知識を伝えることで思わぬ効果が見られることもあります。

〈例〉

Dさんは真面目一本の性格で、就業時間内一生懸命に業務を遂行する人。上司がDさん以外の部下に伝えている指示や指摘にも気を配り、自身を戒めるように仕事をしていましたが、ある日原因不明の体調不良に襲われます。

内科を受診したDさんは検査結果に異状が認められず心療内科を紹介されました。「ストレスが原因」と休暇をとるよう主治医に勧められたDさんは素直に従い、症状は出なくなりました。

復帰後、「ご迷惑をかけてすみませんでした」と前にも増して働こうとするDさんに対して、上司は「無理するな」と声をかけましたが「もう大丈夫です」と以前と同じように働き始めました。

しかし1か月もしないうちに症状が再発します。「不調になる原因が自分で分かっていないのではないか?」と以前上司も一緒に受けた研修内容を話題にしたところ、「研修は受けましたが、自分とは関係ないことと思って、今まで考えもしませんでした。不調の予防が全くできていなかったと思います」と話し、それ以後不調になることはほとんどなくなりました。

⑦不調の原因を部下自身に考えさせ、働き方の見直しを求める。具体的な工夫を一緒に検討し、時には助言、指導を行う（コーチング）

〈例〉

Eさんは完璧な管理職をめざしていました。部下の業務をカバーしようとした結果全ての作業を一人でやってしまうことや、部下の休暇希望をできるだけ叶えようとして、部下の仕事を引き受けてしまうこともありました。顧客のクレームに対しては、「自分のほうがお客様との付き合いの長さから状況がよく分かり、顧客満足度を高くすることもできる」と考え、全面的に自分で対応していました。

重要な仕事を控えたある日、Eさんはひどい腰痛で起き上がれなくなってしまいました。その後のEさんは定期的にマッサージを受けるなどして予防に努めましたが、年に数回動けない日が突発的に生じるようになりました。

仕事量が増え続け、慢性的な疲労が溜まっていることを感じた上司はEさんに働き方の見直しをするよう伝えます。自身の度重なる不調の原因を考え、どう対策をとるのかその具体案を報告するよう求めたのでした。

Eさんの提示した対策を一緒に検討し、「今のやり方では人が育たない。部下の気持ちを大切にしたい、目下の顧客満足度を大切にしたい気持ちも分かるが、会社としては長期的な顧客満足度の維持を目指している。できるだけ多くの社員が対応力を身に付けて、お互いに助け合うようにしなければそれは難しい。失敗を経験することも成長につながる。そうなるように部下を支えるのが管理職の仕事でもある」と伝えました。

長期的視点の必要性に気づいたEさんは、少しずつ管理職としての役割を意識して働けるようになりました。

Eさんのようなケースは、事前に適切な管理職研修を実施することでこのような事態を回避できる場合もあるでしょう。

過剰適応の部下に対して上司がとるべき具体的な対策［応用編］

以下の対応はもう少し踏み込んでみたい方のための方法です。やや専門的な対応になるため、誰にでもできる方法ではありません。くれぐれも無理のない範囲でトライしてみてください。

⑧部下の「思い込み（間違った信念）」について話し合う（直面化）

● 部下の「思い込み」を把握する

部下――特に上司と世代の異なる部下――の中には、上司の想像を超える「思い込み」をしている人がときどきいます。上司の常識の中で原因を想定する前に、一度部下の話を遮らずゆっくり聞いてみることで、解決の糸口が見えてくることがあります。

部下の話をこちらも「思い込み」で解釈してしまわないよう、意味を確認する、また曖昧なこと、意味の分からないことについては、批判せず率直に疑問を投げかけてみることも大切です。人は「強い思い込み」ほど、「普通のこと」「当たり前」「あえて説明することではない」と感じているため、「なぜこんなことまで言わないと分からないのですか？」という――された側は侮辱的に感じる人も多い――態度に耐える覚悟も必要です。

部下との相性によっては冷静さを保って話を聞くことが難しいこともあります。無理をするとハラスメントのリスクも高くなりますので、状況に応じて上手に協力者を見つけましょう。

部下の「思い込み」に気づいたら、「もしかして……」「間違っていたらごめんなさい」と前置きして、「あなたは○○と思っているの？」と確認をしてみます。

● 部下の「思い込み」に向き合う

部下の「思い込み」が確認できると、「それはとんでもない思い込みだ！」「それは違うよ」と言いたくなる人も多いでしょうが、そのような否定的な言い方をすると、部下の抵抗を引き起こしやすくなります。

部下は部下なりに経緯があって「思い込み」に至っているので、一方的な否定では容易に納得できないものです。また婉曲表現ではこちらの意図が伝わらないことも多く、上司としては部下の気持ちに一生懸命配慮しているにもかかわらず、疲労感ばかりが増すということにもなりかねません。

ここで必要なのがアサーティブなコミュニケーションです。アサーションとは「私もOK、あなたもOK」という態度でこちらの意見を表現する方法です。

例えば、「そうか。あなたはそんなふうに思っていたから、○○していたのだね」と理解を示し、「実は職場の考えは○○。少なくとも私はそういう考えでやっている」「あなたの他にも私とは違う考えで仕事をしている人がいるのかもしれないな」といったやりとりで、お互いの考えがずれているという現実を話題にしていく方法があります。

「思い込み」――職場の考え方とのズレ――に気づくだけで適応的な行動への変化が始まることはよくあります。

しかし人によっては、「理屈では理解できるが、行動を変えようとするとなぜか不安になる」という状況に陥る人もいます。そういう人は、自分を追い込んで苦しくなったり、何も聞かなかったかのように以前と同じ振る舞いをしたり、逆に職場を攻撃し始めたり、といった様々な反応を示すことになります。部下が誰かに相談するなど解決方法を模索しているようであれば、様子を見て変化を待つのもよいでしょう。ただ待つことに不安を感じた場合には上司、部下のどちらでもよいですから、専門家の助言を得ることをお勧めします。

〈例〉

Fさんは、上司にとって「人の話をよく聞いていて物覚えが早く、優秀な新人」という印象の部下で、期待をかけていました。貪欲に仕事を覚えようとするFさんの姿勢を上司は好意的に受け止め、「Fさんの成長につながれば」との思いでいろいろな仕事を経験させていきました。

ところがFさんが働き始めて2年目を迎えた頃、「この仕事は自分には向いていないと思うので辞めさせてほしい」と思いつめた様子で訴えてきました。驚いた上司が理由を尋ねると「これ以上ここにいても役に立てない。自信がない」と話します。上司は「十分役に立っている」と伝えましたが、Fさんは頑なに同じ主張を続けます。困った上司は、この一年どのように仕事に取り組んできたのかを詳しく聞いてみました。

初めは「普通にやっていた」としか説明できないFさんでしたが、「具体的にいつもやっている一日の過ごし方を差し支えのない範囲で言ってみてくれないだろうか。ちなみに自分が新人の頃は……」と上司が自分の話をすると、驚いた表情で「時代が違います。そんなことでは駄目です。普通は、家で一日を振り返って、新しく教えられたことをノートにまとめたり、これまでのことを見直して忘れていないかチェックしたりするものですよ」と呆れたように返してきます。

Ｆさんは「仕事はミスなくスピーディにこなすもの。そうでなければ周りから責められる。教えられたことは何度も言われないようにメモして間違わないようにしなければいけない」と考えていました。そのため出勤までに様々な準備をすることを日課としていましたが、「仕事中にメモをとる時間がなく帰宅して思い出せないことがある」「以前教えられたことなのに、数か月ぶりにやろうとしたら忘れていた」といったことへの解決方法が見つからず、「この仕事を続けるための能力が自分にはない」と思うに至ったとのことでした。

上司は驚き、「そんなに努力していたとは知らなかった。そこまでのことを求めているつもりはなかった」と伝え、このまま働き続けても大丈夫かどうか専門家の意見を聞いてみるように促し、定期面談を設定して仕事の覚え方、やり方を一緒に見直していこうと提案しました。Ｆさんはカウンセリングを受けることになり、上司はＦさんの考え方が少しずつ変化していくことを確認しながら、職場からの要望を丁寧に説明していきました。３か月ほどでＦさんの働き方には柔軟な姿勢が増え、周囲とも打ち解けた様子で談笑したりする姿が見られるようになりました。Ｆさんの希望でカウンセリングは継続されましたが、上司との定期面談は終了しました。

この話には後日談があります。

Fさんとの定期面談の中で、「ミスは絶対にしてはいけないと過敏になっていた」という報告があったことをきっかけに、上司は職場全体でミスについての考え方、捉え方の研修を実施し、ミスの取り扱いについて共通認識を図ることにしました。その結果若手従業員からの相談や報告が増え、失敗しながらも逞しく成長していく様子が見られるようになりました。

事例のような対応の他にも、「がんばることはいいことだけれど、何事もやりすぎは禁物」「瞬発力が必要なときもあるけれど、できるだけ長期間元気に活躍してもらいたい」といったメッセージを繰り返すことで、部下の「思い込み」を修正することにつながった例もあります。

過剰適応の部下に対して上司がとるべき具体的な対策〔番外編〕

⑨周囲への対応を工夫してみる

〈例〉

Ｇさんは社内でも群を抜いて業績が高く、昇格制度に実力主義を導入した時期も重なり、スピード出世しました。そんなＧさんに対して周囲は嫉妬から、陰で小さなミスや問題点を指摘するようになっていました。

陰口が耳に入ったＧさんは、より業績を上げることで周囲を納得させようとさらにパフォーマンスを向上させ、結果周囲との溝は深まるばかり。気になった上司は、Ｇさんの肩の力を抜かせようと、個人的に外食などに誘っていろいろな話をしていこうとしましたが、周囲からは「えこひいき」と捉えられ、「本人も今のやり方で認められている」とやる気を出し、逆効果になってしまいました。Ｇさん自身から周囲への攻撃的発言も見られるようになり、上司は途方に暮れてしまいました。

困った上司が社内の先輩に相談したところ、「Ｇさんにではなく、周囲へのねぎらいに重点をおいてはどうか」と提案されます。

他の部下をねぎらう方針に転換した上司に対し、ある日Gさんが、「どうしてあの程度の仕事しかしない人を認めるのですか」と不満を漏らします。それに対して上司が返した言葉は次のようなものでした。「あなた一人ががんばって仕事がまわるわけではない。あなたにも他の人にも気持ちよく働いてもらいたい」「Gさんの能力の高さは素晴らしいと感じている。できれば他の人の良さを認めてそれを生かす力もつけてもらいたい」

すぐには納得できない様子のGさんでしたが、その後少しずつ周囲との対立は減少していきました。

⑩上司の手に負えないときもある

〈例〉

営業部のHさんはいつも、相手が喜ぶであろうと思われることを、思いつくままに自己犠牲的になってまでもやりつくそうとします。何かを思いつくと業務時間を過ぎてもやりきります。Hさんがそのことで不調になったことはこれまでありませんが、顧客の要望が過剰になり、Hさんは周囲に協力を求めてくるようになりました。

周囲が「そこまでやる必要を感じない」「付き合いきれない」と応じないでいると、H

さんは「だったら一人でやるのでいいです」と出かけていきました。次第に、過剰な要望を出す顧客はHさんを指名するようになり、Hさんは「私は求められている」と業務時間外や業務エリア外でも業務の延長として様々な活動をするようになりました。

上司は「何か事故などがあったときに保証ができない」とたびたびHさんを注意していますが、「性分なので、やらないと落ち着かない」と変化がありません。上司からの相談を受けて、会社は社内規定を作り、仕事の範囲の制限を設けることにしました。

するとHさんは「プライベートでやるのであれば文句ないですよね」と行動を変えません。ある日、Hさんは「もっとしっかりお客様の要望にお応えしたいので」と辞表を提出しました。

過剰適応と思われる行動への効果的なアプローチが常にあるわけではありません。このような場合、会社としては、Hさんのような人が社内にいることで——もしくはHさんを失うことで——生じる様々な影響・リスクを考慮し、対応が必要かどうかの判断をすることになります。

部下が過剰適応になりにくい上司の態度

過剰適応には様々な要因がありますから、上司の工夫で過剰適応を防ぐことは難しいと言わざるを得ません。しかし、過剰適応になりにくい環境、過剰適応を促進させにくい環境づくりを工夫することは可能です。

上司は部下を評価する立場にあります。その上司がどういう評価基準を持っているのか、どのような価値観を持っているのか、何を重要視しているのかはその発言や態度から部下に伝わり、部下の行動や考えに様々な影響を及ぼします。

またある程度一貫性があり、分かりやすく提示される評価基準と、朝令暮改で曖昧に示される評価基準とでは、その影響にも大きな違いが出てきます。様々な年代、価値観の人が集まる組織において、上司が誤解の少ない表現で評価基準を示し続けることは、組織全体の安定のために重要な要素です。

例えば、「短期間で発揮される優れた作業能力」と「長期間継続して期待できる安定した作業能力」があった場合、どちらをどの程度重要視するのか。職種や組織の目標によってそのバランスは異なってくるでしょう。

多くの職場では「ミスをしないこと」よりも「ミスを起こしにくい工夫」や「ミスをした場合の適切な対処」が重要視されます。ミスをした事実にばかり囚われて叱責を繰り返す上司の下にいる部下は、「絶対にミスをしてはいけない」と過緊張状態になることでミスを生じやすくなり、「ミスが発覚しないこと」を工夫するようになることがあります。

一般的には個々人が不調にならないことが最も組織の損失を少なく抑えられるのですが、「真面目に働くことは不調になるほど働くこと」という少し歪んだメッセージを発している上司の方はいらっしゃらないでしょうか。

部下の作業能力が一律である職場などないと思いますが、その能力を基準に部下の存在価値の順序をつけるような上司はいらっしゃいませんか。チームワークなどとは無縁で個々人のパフォーマンスの和が単純に業績となる組織であれば、労働力の価値はそういった基準になりうるかもしれません。しかし一般的には部下それぞれの強みを組み合わせたチームワークの方が大きなパフォーマンスにつながりやすいものです。

具体的には、以下のようなことを意識してみることをお勧めします。

- **特定の部下のパフォーマンスに頼らず、チーム全体のパフォーマンスを管理する。**
- **特定の部下に評価を偏らせず、努力している部下それぞれが認められていると感じる**

対応をする。

- 正しさ・能力の高さを最優先するのではなく、思いやりを評価する。
- ある程度感情コントロールをする一方で、許される範囲の情緒反応を示す。

必要に応じて専門機関を活用する

繰り返しになりますが、上司の立場でできる対応には限界があります。以下のような状況では、専門家の活用や人事との連携を考慮しましょう。

- 何が起きているのか分かりにくいと感じたとき。
- 部下のプライベート（親子関係、過去のトラウマ）に起因していることが予想され、上司の立場を超えた関わりに発展しそうな事案。
- 個別の距離感において他の部下とバランスが保てそうにない、あるいはすでに近づきすぎてしまっている、関わることが難しいほど離れてしまっている感覚があるとき。

いざというときに備えて、信頼できる専門家の情報を持っておく、関係を築いておくことがこれからの管理職には必要かもしれません。

2 家族が過剰適応だったら

過剰適応を引き起こしやすい性格や価値観は、成長過程において形成されており、原家族との関係性に大きく影響を受けています。さらに、成長後の新しい家族との関わり如何によっても、過剰適応が強化される場合もあります。

過剰適応の発生には、家族との関係性の問題が関わっていることが多々ありますので、本人へのケアだけではなく、家族の関わりについても同時に考えていくことが求められます。ここでは、家族の関わり方について、述べていきます。

まず、第3章のケースごとにどのように対応すればよいか考えていきます。

【ヒロシさんのケース】

ヒロシさんのケースでは妻との家庭生活について考えてみましょう。

ヒロシさんの妻は、日頃から彼の健康をとても気遣い、いち早く不調に気づいて病院の受診を勧めてくれました。その結果、過剰適応に気づくことができたのですが、何事にも熱心に真面目に関わるヒロシさんに出会い、この状態がヒロシさんの本来の姿だと認識をしていた妻にとっては、大きな驚きだったと思います。

過剰適応という聞きなれない言葉に、妻自身が動揺し、困惑してしまうかもしれません。あるいは、自分が過剰適応にさせてしまったのかと自責の念に駆られてしまうかもしれません。

しかし、第3章でも書かれているように、過剰適応がすべて悪いものだというわけではありません。過剰適応の状態でがんばったからこそ、周りの信用も得て、実績を積み、今のヒロシさんがいるのです。

そのことを妻が理解し、ヒロシさんに伝えてあげることが効果的です。信頼している妻に今までがんばってきたことを認められることはヒロシさんにとって、大きな支えとなります。認めた上で、そこまでがんばらなくても十分であることを伝えてあげましょう。

そして今後、お互いが無理をしないで過ごせる家庭環境を二人で作っていくことを考えていくとよいでしょう。

家族のためにもがんばろうと考えていたヒロシさんは、育児や家事に積極的に参加していましたが、仕事の納期に追われる日々のなかで、休日もゆっくり休めず、育児や家事が負担を感じるようになっていました。

このような状況を妻がどのように感じていたのでしょうか？　共働きで2歳児の育児をしている家庭では、お互いが精いっぱいで、何とかバランスをとって生活をしています。ヒロシさんと同様に妻も精一杯がんばってきているのではないでしょうか？

そんな中、ヒロシさんの家事や育児の役割分担を軽減するために、ヒロシさんの負担分を妻が引き受けたとしたら、バランスを崩して、家庭生活が崩壊してしまう危険性もあります。

まずは、夫婦二人で、現在の生活の家事と育児の負担の洗い出しを行います。それぞれがどんなことで大変な思いをしているのかも言葉に出して話し合うことが大切です。よく話し合うことで、どんなところで大変な思いをしているのかを知り、より相手を理解することで、お互いに思いやる気持ちが芽生えます。実際には仕事量が減っていなくても、

「ありがとう」と声を掛けられるだけで、疲れが癒されることも多々あります。言葉にして、お互いをねぎらいましょう。

次に、洗い出した家事と育児の負担について、

①絶対やらなければならないこと
②やったほうがよいこと
③やらなくてもよいこと

の3つに分類します。

加えて、

④やりたいこと
⑤やりたくないこと

にも分けます。

その上で優先順位を決め、役割分担を決めます。多少部屋が片づいていなくても大丈夫、ご飯のおかずが少なくても許容するなど、「完璧を求めないこと」です。

やらなくてもどうにかなるものは、「やらない」と決めて「手放すこと」が重要になり

ます。役割分担をする際に、やらなければならないけれど負担に感じている家事や育児については、二人以外にサポートしてもらえる人や物がないかを探します。誰かにSOSを出すことも二人にとっては必要なことです。二人だけで「抱え込まないこと」も重要です。

【ヨシコさんのケース】

ヨシコさんのケースでは、近県に住む両親の対応について考えてみましょう。

ヨシコさんにとっては、実家はあまり居心地のよい場所ではないようですね。しかしながら、毎月親に顔を見せるようにはしています。

ヨシコさんは社会人として立派に働き、生計を立てているので、一つの単独世帯です。ヨシコさんは、一人暮らしのアパートが我が家と感じていますが、両親はアパートは仮の住まいで、本来の家は実家だと考えています。

日本では、古くからの家族制度の名残で、結婚しなければ実家の一員として扱われる傾向があります。特に女性の場合、結婚して一人前という考えがまだまだ残っているのも確かです。親に反抗することもなく、よい娘として育ってきたヨシコさんは、違和感を感じながらも親の考えに従い、定期的に実家に帰っていますが、未婚で家庭を持たないことを引け目に思い、居心地の悪さを感じているのです。

両親は、結婚の有無にかかわらず社会人として立派に働き生計を立てているヨシコさんを、両親の付属物ではなく、自立した成人として付き合っていくことが必要になります。今まで両親の思い描いたよい娘だっただけに、知らず知らずのうちに、社会通念や親の理想像に当てはめようとしていないでしょうか？

仕事や結婚についてもすべて、どのように生きていくかについては、ヨシコさんが決めてよいことなのです。ヨシコさんの決断を認め、見守ることが求められます。

一方、原家族として、ヨシコさんが安心できる基地になることも大切です。過剰適応者は、成長の過程で原家族の影響を大きく受けています。

人間は誰かに認めてもらいたいという承認欲求を持っています。子どもは生まれて初めて会う親もしくはそれに代わる養育者に、認めてもらいたいとがんばります。がんばっていることをほめられると、子どもはその期待に応えようとさらにがんばります。

これが続くと、ほめられない自分に存在価値が見いだせなくなってしまうのです。そのために、へとへとになってもがんばり続け、よい子を演じ続けなければならなくなります。ヨシコさんはご両親の期待に沿ったよい子として、ほめられて育ってきたのでしょう。ヨシコさんは賢い子で、親の期待を先回りして親が求めるものを察知し、それに応えようとがんばり続けたのでしょう。

そんな期待に応えるヨシコさんに、親は気づかないうちに、さらに期待し続けてしまったのではないでしょうか？　そうなると、親の前では、できない自分、がんばれない自分を見せられず、常によい娘を演じ続けなければならなくなります。

このがんばり続けるヨシコさんを止めるには、「今のままで十分だ。よいことも悪いことも、がんばれてもがんばれなくても、すべてを含めて、ご両親にとって大切な娘なのだ」ということを伝えることが大切になります。

何歳になっても人は親に認めてもらいたいと考えているものです。育っていく長い年月で作り上げられた親子関係ですので、時間がかかります。辛抱強く、ありのままのヨシコさんを受け入れることで、親の前で安心してありのままの自分でいられるようになり、実家が安心できる場所となるでしょう。

ヨシコさんの自立を支援することは、親にとって、自分たちの子育てについて直面しなければならない場面も出てくるので、親自身がつらくなることも多々あります。その際には、両親もカウンセリングを受けるなどして、専門家のサポートを受けられることをお勧めします。

【トオルさんのケース】

トオルさんはすでに単独世帯として、独立して生活をしています。その意味では、支援する家族が不在というのが問題かもしれません。トオルさんの過剰適応も、原家族に大きく影響を受けています。

トオルさんは、お父さんに認められたいと思い、育ってきたのでしょう。認めてもらいたい父はすでに他界し、父の代わりに父と同じ分野に進んだ兄を目指してがんばり続けているのかもしれません。父や兄からの呪縛を解くことができると、トオルさんはかなり楽になれると思います。お父さんが過労死された点から考えると、お父さんも過剰適応者だったのかもしれませんね。

家族は、育った環境や価値観などが共通なことが多く、家族も過剰適応の傾向を持つケースはしばしば見受けられます。もしかしたら、お兄さんも……。

トオルさんが過剰適応者とわかったことを機会に、トオルさんとお兄さん、お母さんと、原家族の関係について振り返ってみてはいかがでしょうか。

突然亡くなったお父さんへの思い、高齢のお母さんへの思い、兄に対する思い、弟に対する思いをお互いに話し合って、ねぎらい合うことをお勧めします。

過剰適応の方は、自分のことは二の次にして、ほかの人のためにがんばってきています。家族からねぎらわれ、「他人のことばかりではない、自分のために何かをしていいんだ」と許可されることで、ほっとすることができるのです。素直にお互いの思いを話し合うことで、お互いに精神的に支え合う関係になることも期待できます。

以上、事例ごとに対応を示した通り、家族支援といっても、様々です。家族の関わりがプラスになる場合もあれば、マイナスに作用することもあります。

誰かの体調が悪くなれば、家族が支援するのが当たり前のように言われますが、家族だからといって、支援しなければならないわけではありません。サポートしたいと思ってもできない状況も多々あります。

家族の関わり方で重要なことは、家族が一方的に支援するというより、一緒に考えていこうという姿勢で関わることです。無理をしないで、できる範囲でできることをすればよいのです。そのためのポイントを立場ごとに分けてまとめてみましょう。

1 配偶者の関わり方

①過剰適応についてよく理解する

まず、過剰適応について専門家の説明を聞いたり、本を読んだりして、一般的な知識を得ましょう。そして、配偶者のどのようなところがそれに当てはまるのか、過剰適応で支障をきたしているのはどんなところなのかよく理解することが大切です。

②過剰適応だったからこそできたことを認める

過剰にがんばりすぎた人に対して、「そんなにがんばらなくても」と思ってしまいがちですが、安易に「がんばらなくていいよ」と声をかけるのは危険です。今までがんばってきたことを全否定された気持ちになってしまうことがあるのです。まず、今までがんばってきたからこそできたことを認めてあげましょう。

③支障をきたさない家庭でのがんばり方を一緒に考える

がんばりすぎていた家事や育児の負担を軽減するには、一緒に生計を立てている配偶者の協力は欠かせません。しかしながら、配偶者にこれ以上負担を分担する余裕がないこともあります。

単純に分担割合を変えるのではなく、家事や育児などの家庭生活の洗い出しをすることをお勧めします。洗い出しをすることで、目に見えない部分で苦労していたことを見える化し、お互いを理解し合うことにつながります。

そして、苦労をねぎらい合いましょう。お互いに認め合い、ねぎらうことが精神的なサポートの重要なポイントです。

その上で、家事の分担を行います。ヒロシさんのケースでも書きましたが、家事のスリム化をすることと、自分たちだけでがんばらないで、活用できるリソースを見つけることも大切になります。

④夫婦ともにがんばりすぎないことを目指す

夫婦は価値観が似ていることが多く、過剰適応者の配偶者も過剰適応の傾向を持っていることが多くみられます。自分の配偶者が過剰適応者とわかると何とかサポートしようと無理してしまうことがあります。

短期間であれば多少の無理はききますが、長期間続くと無理がきかなくなり相手に対する不満、最悪の場合は夫婦関係の崩壊につながってしまいます。長期間継続的に無理をしないで、できることを考えましょう。

また、決めたからといってやり続けなければならないわけでありません。やってみてうまくいかなかったら、別の方法を考えるという柔軟性を持ち、がんばりすぎないことを目指しましょう。

2 親（原家族）のかかわり方

①過剰適応についてよく理解する

配偶者と同様、まず、過剰適応についてよく理解をしましょう。

②今までの親子関係を振り返る

人間は、元々の素因と成長過程での環境の影響を受けて、一人の成人として育ちます。成人になるまで一緒に過ごしていた原家族との関係性が、過剰適応者を作り上げている原因になっていることが多々あります。

生育過程で、過剰適応の傾向になるきっかけについて考えてみましょう。

人間は元来、誰かに認めてもらいたいという「承認欲求」を持っています。子どもは生まれて初めて会う親、もしくはそれに代わる養育者に、認めてもらいたいとがんばります。がんばっていることをほめられると、子どもはその期待に応えようとさらにがんばります。ほめて育てることはとてもよいことと言われていますが、落とし穴があります。

ほめられ続けて育つと、ほめられるためにがんばり続けます。これが続くと、がんばっている自分には存在価値があるが、がんばっていない自分には存在価値がないと、自分に存在価値が見いだせなくなってしまうのです。

自分の評価価値が他人の承認によって決まってしまうため、常に他人からの評価を気にするようになります。人間の価値は存在することそのものにあるはずが、よいことをしたり、がんばったりしていないと価値が見いだせなくなってしまうのです。

子どもが生まれた時には、無条件で生まれてきたことを喜んでいたはずなのに、生育過程において、無意識のうちに自分の求める息子や娘像を作り上げ、それに合致した時だけ、プラスのメッセージを出していなかったでしょうか？

あらためて、子どもの存在価値について考えてみましょう。もちろん心の中では、よいことも悪いことも含めて自分の大切な子どもとして存在価値があると考えていることと思います。

しかしながら、通常の生活では、その思いがなかなか伝わっていないことが多いのです。この機会に意識をして、存在そのものに価値がある（生きているだけで十分）大切な子どもであるというメッセージを伝えましょう（親に認めてもらいたいという承認欲求は、何歳になっても持っているものです）。

この振り返りは、親にとって、自分たちの今までの子育てを否定することにもつながる危険性があります。親自身の心の問題に触れてしまうこともありますので、少しでもつらくなったりした場合には、専門家のカウンセリングを受けることをお勧めいたします。

③求められているサポートはなにか、できるサポートは何かを明確にする

物理的なサポートについて考えましょう。本人が家族に求めているサポートは何かを確かめます。親はついつい、よかれと思って先走りをしてサポートをしてしまうことがありますが、一人の大人として、ご本人の意思を大切にしましょう。求めている支援を確認して、その中で何ができるかを話し合いましょう。この場合、支援側は、配偶者のサポートと同様、無理をしないでできることを行うことが大切です。

原家族との関係性について関わる場合、関わる家族の性格や価値観、さらにアイデンティティにまで触れることになる場合もあり、安易に触れることで家族の崩壊にもつながりかねないこともあるので、心理の専門家のサポートを受けながら慎重に関わっていくことをお勧めします。

いずれのケースにおいても大切なことは、過剰適応者をサポートするには、大切な家族であるというメッセージを出すことと、一緒に考えていこうと関わることです。

家族の中の一人の問題を解決するために、お互いによく話し合い、理解することです。家族が適切にサポートする立場になれる場合もあれば、純粋にサポートする立場になれない場合もあります。その過程において、関わった家族がご自分の生き方に直面することになり、つらい思いをし、専門家のカウンセリングが必要になることもあります。

しかし、この状況を乗り越えることができれば、関わった家族それぞれが自分自身の生き方を振り返り、家族関係の再構築ができ、より強い絆ができます。

ここまで述べてきたように、家族が過剰適応者の支援に関わることは簡単なことではありません。しかしながら、家族が適切に関わることができると、ご本人の改善と成長に大きく寄与することができるのみならず、関わった家族自身の成長、さらには、家族という組織の成熟にまで影響を及ぼします。

これらの家族支援の重要性を認識して、家族は臆することなく、ぜひ積極的に関わっていただきたいと考えています。

3 「自分らしさ」「本当の自分」を疑ってみよう

ここでいったん過剰適応から離れて、アイデンティティ、自分とは何か、についての研究を振り返り、低い自己評価から周囲の評価を気にして過剰に適応するために自分を押し殺す、するとさらに自己評価が下がるという悪循環を止めるためのヒントをさぐってみたいと思います。

作家の平野啓一郎は、「個人（individual）」の語源は「分けられない」という意味であることを踏まえて、人間は個人でも「分けられる」存在であるとみなし、「分人（dividual）」という概念を導入したほうが生きやすくなる、と提唱しました。唯一無二の「本当の自分」など存在しない、対人関係ごとにみせる複数の顔がすべて、「本当の自分」なのだ、という考え方です。

「分人主義」を図式化するとどうなるでしょうか。

「首尾一貫した人間が存在する」という個人主義に対し、分人主義は、人間はいくつもの顔があり、相手や環境次第で様々な自分、つまり「分人」が生まれるという考え方です。例えば、一人でいるときの「私」と、友人と話しているときの「私」や会社で上司に接しているときの「私」とは異なります。このようないくつかの「分人」それぞれすべてを私として認識するということです。

分人すべてがその人間の真実ですから、「唯一無二の本当の自分」はむしろ幻想であり、「その人らしさや個性」は一人の人間の中で生まれる分人の占める割合によって相対的に決まると考えられています。

「本当の自分」とか「唯一無二のアイデンティティ」などというものはないのだと考える「分人主義」の考え方を取り入れると、ずいぶん生きやすくなった、という人は少なくありません。

過剰適応のメカニズムとは、外的な適応を優先させて、その場の空気を読んで忖度し他人の意図や期待に応えようとすることがストレスを生み、内面的な適応との葛藤を抱えやすくなること。ならば、この「分人主義」の考え方は外的適応をする自分を受容し肯定する効力があります。自分が意図的・主体的・戦略的に外的適応を行っているという自覚を確かに持つことができれば「自分がない」という空虚さは多少なりとも減少し、生き辛さが少し軽くなるのではないでしょうか。

自分の中の複数の「分人」を受け入れることが重要

平野は小説『空白を満たしなさい』（2012）で、自殺した人が「復生者」として生き返ってくる物語を描きました。仕事も家庭も順調で「幸せ」だったはずの自分がなぜ死なねばならなかったのか、その理由を探求する過程で、妻や子に見せる自分、職場で見せる自分をそれぞれ「分人」として受け止め始める姿を描きました。

それに倣い、ここでは過剰適応の傾向があったと思われる自殺の事例を考察します（いくつかの事例をアレンジしてあります）。

【A氏のケース】

A氏（35歳）。中途入社の広告会社で5年目。真面目な仕事ぶりが評価されて会社としても新規の顧客企業との大型プロジェクトのリーダーに抜擢されました。会社としても大役を任せるにあたってサブリーダーにはベテラン社員をつけて配慮しました。

A氏は1ヶ月間ほど大事なプレゼンにむけてメンバーと連日遅くまで準備に追われていました。ところが、顧客企業での大事なプレゼンの初日に出社してこなかったのです。同僚が家族と連絡を取ったところ、A氏は行方不明になっており、翌日に自殺した状態で発見されました。

遺された同僚たちに聞いてみると、誰もA氏を悪く言う人はいません。「あんないい人はいなかった」「いつも笑顔だった」「直前まで普通にしていたのに、なぜ死んでしまったのか」「信じられない、今にも何事もなかったように笑顔で現れる気がする」。

上司や先輩の中にはこのようなことを言う人もいました。「今にして思えば初めて大きな仕事を任されたプレッシャーもあっただろうし、周りにとても気を遣っていてストレスが溜まっていたのかもしれない」「プレゼンの準備も順調に見えたし、辛そうな素振りもまったくなかったので、不調や異変に気づいてやれなかった」「これから後輩や部下の指導をする自信がなくなった」「表面上問題なく見えていても、死んでしまうほどの苦しみを抱えていたなんて」。

家族の話によれば、遺された遺書には家族への謝罪と会社への感謝だけが記されていたそうです。

お酒が好きで、会社の同僚や先輩としょっちゅう飲みにいったり、地元の友人たちともよく飲んでいました。酒の席には会社の愚痴がつきものですが、「親しい人と飲んでいる席でも、会社や人の悪口は聞いたことがなかった」。

A氏がなぜ死んだのか、真相は今となってはわかりません。仕事のプレッシャー以外にも、恋愛問題やギャンブル、借金の問題などもあったのかもしれません。しかし、周囲の誰一人として故人を悪く言わないのは、逆に気になります。故人をけなさないという一般的な傾向はあるにしても、A氏の場合は、その好かれたり慕われたりする程度が著しいのです。

Ａ氏も過剰適応の傾向を抱えていた人であった可能性が高いのではないでしょうか。先輩からも可愛がられ、後輩からも慕われ、一切の愚痴を言わず、真面目に仕事に取り組んでいました。リーダーに抜擢される前に、売上のトップになって表彰もされていましたが、自己評価は低かったそうです。

どうすればＡ氏が死なずに済んだのでしょうか。Ａ氏個人の観点からは、過剰適応の傾向を自覚することが必要だったのかもしれません。対処法としては、次のようなことが挙げられます。

①周囲の評価を過剰に気にすることなく、自分の内部の陰性感情を感じ、溜め込みすぎることなく、ときには適切に表現する。

②自分の問題と向き合えば当然起こるであろう抑うつの状態にも耐え、悩み続ける力をつける。

③悩みをひとりで抱え込まず、相談したり、助けを求める援助要請行動を取れるようにする。

④身体的な不調のサインが出たときにそれを見逃さない。頭痛を始めとする不定愁訴、ストレスの心因からくる身体に症状が出る心身症、それに関連する自分の感情を自覚で

きなくなるアレキシサイミア（失感情症）などの症状として現れることをメカニズムとして理解しておく。

安全・安心の職場コミュニケーション

会社として、管理職としては、過剰適応の傾向がある人であっても、いい情報だけでなく、悪い情報でも言い出せる、言い出しても大丈夫だという安全・安心の雰囲気を職場に確保することが必要となります。

そのために先輩や上司は傾聴や肯定的フィードバックを取り入れた職場コミュニケーションができるようにしておきたいものです。

新型コロナの影響でリモートワークが多くなった職場などでは、とくに直接のコミュニケーションの機会が減るため、仕事の情報、データのやりとりと別に、人と人との情緒面での交流を意識的に増やすのを心がけることも重要になるでしょう。

【参考文献】

平野啓一郎（２０１２）『私とは何か－「個人」から「分人」へ』講談社
平野啓一郎（２０１２）『空白を満たしなさい』講談社

4　職場での配置とキャリア教育で過剰適応を防ぐ

日本の産業保健分野で職場におけるカウンセリングが始められた頃には「丸い穴には丸い釘を、四角い穴には四角い釘を」という言葉がありました。

「過剰適応」状態とは「適応」するために、四角の釘を丸い穴に入れ込もうとし、丸い穴から外れる四角の端の部分を削っている状態であると思います。丸い穴に入れ込むために、本来の「自分自身」の四角の端々を削り、はめ込んでいくことになります。本来あるべき姿、自分を削り落として、形を変えて、自分は我慢して適応していく状態こそ、「過剰適応」と思われます。

四角い形の自分が丸い穴に入り込むためには、もう一回り、大きい丸い穴に入り込んでもよいはずです。そのようにして自分を削ることなく、すっきりと入りこんでいき、居心地のよい状態になることこそ「適応」と言えるでしょう。

とかく産業保健分野では職場環境、職場組織にうまく適応していくことが求められます。本来の「自分自身」の健康や満足感は二の次になってしまいがちです。

1995年、ILO-WHOの合同会議で産業保健に関する再定義が協議されたことで、職場環境に労働者が適応することに加えて、労働者が快適に働いていけるような職場環境造りの重要性が再確認されることになりました。

このような労働衛生の新しい定義は「組織の健康」という概念を呼び起こし、組織は単に利潤、生産性、成果などの組織効率だけで測られるべきではなく、労働者の健康や満足感をもたらし、さらには「労働と家庭、地域活動とのバランス」にも考慮する組織の在り方を求めるようになってきています。

その結果、働く人一りひとりが自らのキャリア構築（仕事を通して自分自身の生き方を選択・決定すること）のために、自発的にワークライフバランスを考えながら「働く」ことが促されるようになってきました。

まさに個人の健康の総和として組織の健康が成立することが明確に示されたものと言えます。働く人の心身の健康を全人的なものとしてとらえ、その人々が安全に安心して快適に働くことで自己実現をはかっていくことができるという点まで提示されてきました。

適応という概念が、産業保健分野では本来の自分の在り方を尊重するように変わってきてはいるものの、まだまだ仕事への過剰適応の実態はあります。職場での適正な適応を目指していくにはどのようなキャリア教育が必要でしょうか? それをみていきたいと思います。

適性に合った配置が適応につながる

職場において適切な適応状態で快適に働く時の条件として、労働安全衛生規則40条で「適正な配置」で仕事に就くことが重要と言われています。

もう一つ同音で「適性配置」が「適応」に関わっていると言われていますが、以下のように若干の違いがあります。

適正な配置：一つの作業、業務において誰に何を担当させるかという具体的な業務分担あるいは配置
適性配置　：会社組織において誰をどの部署に就けるかという人事配置

適性配置については、新卒採用にあたり企業が求める職務要件を満たしている、もしくはその可能性が将来的に期待できる人材であるという判断をするための基準を測定する適性検査と呼ばれる検査手法が使われています。

適性を判断する基準は基本的に3つあげられます。

- **基礎能力**（職務を遂行するための知識や技術を習得する能力）
- **情緒的・性格の特性**（職務や職場風土に順応する能力）
- **動機・将来への展望・価値観**（企業貢献やキャリアプランなど、ビジョンの有無）

適性検査ではこれらの基準を判断することで、企業理念や風土に適した人材を採用して、適性のある職場に配置することになります。

キャリアカウンセリングの草分けであるドナルド・E・スーパー（心理学者）は、仕事というのはあくまで自分の人生を表現するための1つの手段であり、自分が何のために仕事をしたいか、仕事を通して何がしたいか、ということをしっかり理解することだと言っています。

自分の適性に合った仕事に就くことによって、自分自身の役割を全うして、自己実現の感覚を持つことができます。そのときに適切な適応状態を感じることと思います。

では自分の適性に合った職業というものが自然に見つかるのでしょうか。

日本では学齢期からの進路指導のもとに自分に合った仕事探し、自分の「適性」に気づくという過程をキャリア教育の中でおこなってきました。

皆さんは『13歳のハローワーク』（村上龍著、幻冬舎）という本をご存じでしょうか。この本は、子供の好奇心を対象別に分けてその対象の先にあると思われる仕事・職業を具体的に紹介しています。

冒頭には「大人になるためには仕事をしてお金を得ることが必要だとしたら、いやでいやでしょうがないこと、つまり自分にむいていない仕事よりも、自分にむいている仕事をしたほうがいい」といった内容が書かれています。

いやでいやでしょうがないことを、やらなくてはならないからと働き続けている状態がまさに「過剰適応」であるともいえます。

13歳に対してもすでに「過剰適応」があってはならないことが示されていますが、実際のキャリア教育はどのように「適応」「適性」を育てているのかをみていきたいと思います。

若者へのキャリア教育が必要

小学校から高校、大学のどの校種においても、学校指導要領で「生徒自らの生き方を考え主体的に進路を選択することができるようになること」を目指して、「学級活動」「勤労生産・奉仕的活動」「進路相談」が指導されてきました。

平成23年、中央教育審議会がキャリア教育を「一人一人の社会的・職業的自立に向け、必要な基盤となる能力や態度を育てることを通して、キャリア発達を促す教育」としました。

果たして、若者が自分の生き方のありさまを鑑みて仕事を選択することができているのでしょうか、あるいは、自分の生き方という自己のアイデンティティと向き合うことができるまで成長しているのでしょうか、これが大きな問題です。

最近では、若者の離職率の高さがいわれています。すなわち、よりよい適応状態を求めて、離職、転職をする若者が多くなっていると思われます。

新規学卒者の卒業後3年以内の離職率は、中学で62・1%、高校で39・2%、短大等で39・9%、大学で31・0%となっています。離職に歯止めがかからない現状について、企業の対策が求められています。

進路指導について「職業選択のための6つのプロセス」(『エンカウンターで進路指導が変わる』図書文化社)がまとめられています。離職を考えている若者に対して、職業選択のための以下のプロセスを、再度確認することをお勧めしたいと思います。

①個性理解：自分の個性を吟味し、それを描いてみる
②職業理解：職業の情報を集め、選択肢をあげる
③啓発的経験：いくつかの選択肢を実際に経験してみる
④カウンセリング：キャリアカウンセリング、専門家に相談する

⑤方策の実行：選択肢の中から一つを選び、実行する
⑥職業適応：選択した職業を続け、適応する

仕事に就くということは、単に職業だけではなく、同時にライフスタイルや生き方そのものを選んでいることにほかなりません。しかし、現代の若者は仕事よりも余暇や趣味に生きることを大切にしていることが特徴としてあげられています。

仕事を通して自己の役割を確認し、他者のそれを認めることによって、社会で生きていくことが実感されるというものです。働くことの意味を確認することで「適応」していく手立てを提案することが必要となります。

平成24年の厚生労働省の統計によると、15～34歳の若年無業者（ニート）は63万人となり、15～34歳人口の2・3％を占めています。ニートの出現が取り沙汰され始めた時期は、ちょうど高度成長の終焉、日本型雇用慣行（終身雇用・年功序列・企業別組合）の崩壊、労働市場の悪化（非正社員雇用等）等の日本経済の動きに一致していると思われます。

一方、平均寿命が延び、「働く」ことを通して社会の中で生きていく期間が50～60年という長期間にわたるものになり、若者にとっても「働く」ことの意味を否が応でも考えざ

るを得ないのが実情です。

会社の社会的責任として、若者が単にシステムの中に入り、システムに乗るのではなく、「自分は何をしたいのか」「なぜ働くのか」という働く動機を見出し、働く主体性と意欲を取り戻すキャリアデザインに若者自身が関われるように支援することがあると思います。

メンタルヘルス不調へのケア

青年期の若者が悠長に「自分探し」をしているには、現実の社会経済の情勢はきびしいといえます。「ニート」「ワーキングプア」という言葉が飛び交い、これから自分自身が確立され、活躍していく若者に対しきびしい社会経済の風が吹き荒れています。

精神的にも早い自立を促すような外部環境の状況であり、このあたりが現代の青年期がもつ課題でしょう。その時期だからこそ、基本的な心身管理のセルフケアの姿勢が必要となってきます。

この時期の心身状態と外部環境とのかかわりについて考えていくことにします。年度初めをすぎた連休明けの時期に「五月病」といわれる、体調を崩したり、精神的に不安定になったりする若者が多くなるといわれています。

特にこれといった原因があるわけではないが、身体がだるく、よく眠れない、食欲がない、無気力になり、出勤や登校するのが億劫になる等々の症状がみられます。

これは、もともと入社や入学に際しての受験準備に、ある一定期間とはいえ娯楽やスポーツの欲求エネルギーを封じ込め、睡眠時間を削るといった禁欲生活を強いられ、最終的には希望通りあるいは希望通りにはいかないまでも新生活に入ることになっていることに起因します。

緊張状態から解放された、いわゆる「荷おろし」したという安堵感に浸る一方で、目的を失い、一時的にも無力感におちいるのではないかとみられています。

現実に大学の新入生では、入学当初にすでに約1割に何らかのメンタルヘルス不調がおこっているというデータがあります。

首尾よく第一志望の学校や会社に入学・入社あるいは昇進異動した人であったとしても、生活上の変化ということで大きなストレスを感じるものとされています。

自分の希望通りにならなかった人の達成されなかった鬱々とした気持ちも、これまた別の意味で強いストレスとなっていることが推測できます。

五月病の発症の大きな要因に生活環境の変化への過剰適応があるならば、この心身の不調は再適応を目指して、学業や仕事の活動エネルギーの加減を調節するための「休め」の信号であるともいえます。

やる気に燃えてスタートダッシュをするのはよいが、やはり中長期的な視野でゴールを目指せるようにスタミナ配分を考えるとか、周りの人間関係への気遣いをするとか、あるいは他と足並みをそろえるというようなことが必要になってくるわけです。少しペースダウンをしたり立ち止まったりして、短期目標や中長期ゴールを確認する余裕が欲しいときでもあります。

体力のある「若さ」ゆえに、ついつい無理を重ねてしまいがちです。だからこそ、睡眠(休養)、食事、運動等の基本的な生活習慣から見直すことが必要です。

メンタルヘルスと生活習慣とは密接な関連があり、最適な適応をはかるためには、身体と心の両面からの健康の保持・増進に留意していかねばなりません。

第8章

過剰適応から体調を崩してしまったら

病名にとらわれすぎないでください

この章では、過剰適応により発生しやすい病気をいくつかご紹介します。

でも病気を説明する前に、診断や病名との付き合い方について一つお願いがあります。

日頃、体調不良を感じる方のご相談に応じていますが、病院を受診して診断名がついたとたん、何か自分は大変な病気になってしまったとショックを受けたり、そんなはずはないと受け入れ難く感じる人が多くいます。

ストレスや疲れは自覚していても、「病気」となると違う印象を受けてしまいますね。病名がつくと何か特別なものと感じてしまうのでしょう。もちろん、体調不良を感じる状態を軽視できませんが、構えすぎる必要はありません。診断名がついていても、ついていなくても、あなたの体にどのようなことが起きているかが大切です。

例えば、「花粉症」と診断される人は多くいますが、皆が同じ症状ではありません。鼻水が止まらない人もいれば、鼻水は少しだけで目がかゆくてたまらない、他には喉のかゆみや咳、皮膚のかゆみを感じる人もいます。

また花粉症の原因は、スギの花粉のアレルギーが多いのですが、スギではなくヒノキのアレルギーの場合、さらには秋に症状が強くなるブタクサのアレルギーもあります。それでも、花粉症を簡単に説明すると「スギの花粉が原因で、鼻水や目のかゆみが強く出る病気」となってしまいます。それまで目のかゆみは気にならなかったのに、花粉症と言われると、そういえば目もかゆいかもしれない……と思ってしまいがち。思い込みが強い性格ではなく、人の心理でそう思ってしまいがちなのです。


これと同じことがこれから説明する病気にも当てはまります。メンタルヘルス疾患は、一人として同じパターンはないと言えるくらい、症状やその感じ方は様々です。

ここで説明することは、あくまで一般的な病状の紹介であって、「こういう病気だから、あなたの体にこんなことが起きているはず」というものではありません。ですから、それまで気にならなかった症状が気になって、もっとつらくなってしまわないでください。その病気に自分を当てはめて考えすぎないように注意してください。

どんなことが体に起きているかは、本やウェブサイトに書いてあることではなく、あなたの体に問いかけることが大切です。

病気を知る目的は、どうやってつらい状態をやわらげるか、治していくかです。あなたの体にどんなことが起きているのか、なぜそうなってしまうのかを知り、安心してもらうこと、改善につなげていくことです。病名、診断名は改善のヒントを探すためのキーワードくらいに考えてもよいでしょう。病名に縛られる必要はありません。

ここからの説明は病気を理解しやすいことを優先しているため、医学的に厳密な分類や名称と少し異なる点があるかもしれません。花粉症も「I型アレルギー」とか「アレルギー性鼻炎」と説明できるのですが、「花粉症」と理解した方が、「花粉が原因だからその時期だけの問題だ」「花粉を避けるようにすれば、症状をやわらげることができる」と考えやすいですよね。以前読んだ本と少し違っている、主治医の先生からの説明と少し違うという点があっても、読み進めてみましょう。

1 抑うつ症状

「抑うつ」というのは、病気の名前ではなく、症状を表す言葉です。風邪っぽいと感じたときの「発熱」や「咳」「鼻水」と同じです。これだけでどんな病気かを診断することはできませんが、風邪っぽいなあ、なんだか調子悪いなあ、という場面と同じで、メンタル面の不調に気づくきっかけとして大事な症状です。

医療機関では、うつっぽい、うつの入り口、うつ状態と説明を受けるケースが多いようですが、以下の症状があるだけで「うつ病」というわけではありません。分けて考えるとよいでしょう。

症状のどれかが2週間以上毎日続いたら要注意

具体的な症状としては、次のようなものがあります。

①気分が落ち込む、寂しい、むなしい、くよくよ考え込む
②ちょっとしたことで涙が出てくる、ちょっとしたことにイライラする
③趣味や娯楽など以前は楽しかったことに興味を持てない
④勉強や仕事にこれまでほど関心がなくなる
⑤食欲低下、体重減少
⑥睡眠の変化、寝付きが悪い、夜中に目が覚める、目覚ましが鳴る前から目が覚めてしまう

ここでは大きくわけて①~⑥の症状をご紹介しましたが、これらの症状がすべて出るわけではありません。前述のとおり、その人によってパターンは異なります。

①のような気分の落ち込みや考え込むことは、誰にでも毎日のように起こり得ます。友達とケンカをしてしまった、試験勉強をがんばっていたのにテストの結果が悪かった、仕事でミスをしてしまった、など。

うまくいかないことがあれば、落ち込まない人のほうが少ないでしょう。その後の気持ちの切り替えが早い人もいれば、少し引きずってしまう人もいます。それも個性の一つです。

「症状」として判断する場合は、この状況が2週間以上にわたって毎日のように続いている状態が目安です。また、落ち込む理由に思い当たることがなく、何となくこれらの症状が出るという場合もあります。

他の項目も同様です。どの項目も、病気の有無とは関係なく誰でも一度は体験していることでしょう。ですから、一時的に発生したものすべてが「病気」というわけではないのです。

充電が切れたからといって携帯電話が悪いわけではない

いつもと違う状態が一定期間続くと「症状」なのですが、続いていても多くの人は抑うつ状態と考えずに、むしろ「いつもなら早く立ち直れているのに」と感じ、「気合が足りない」「自分が弱いせいだ」と考えてしまいます。

そして、「もっとがんばらなければ」と焦ってしまい、それがストレスとなり、さらに体調が悪くなるという悪循環に陥ってしまいがちです。

でも、風邪で熱や咳が長く続いたら、気合が足りないとは考えませんね。むしろ、なかなか治らないから、いつも以上に体調が悪いのかな、きちんと治療をしないとこじらせてしまう、とより慎重になるのではないでしょうか。メンタル面の不調も同じように考える必要があります。

私が日頃メンタルヘルス不調をきたした方の相談に応じていると、多くの方はこれらの症状や自身の体調をどう捉えたらよいか、何でこんな状態になってしまったのか、自分の気持ちが弱いのではないかと悩んでいます。そんなときは次のように考え、対応することをアドバイスしています。

抑うつ症状をはじめとするメンタルヘルス不調は、携帯電話の充電切れと同じような状態とイメージしてみましょう。体のエネルギー切れです。一気に電気を消費する使い方をしたのかもしれませんし、いつも通りの使い方しかしていなかったけれど、合間合間で充電する時間が不足し、残りの量が少ないことに気づかず使い続けてしまったということもあるでしょう。

いずれにしても、充電切れのときに、何で切れてしまったのか調べようと思っても、携帯の電源が入っていなければ確認できません。また、どんなに最新高機能の携帯でも、充電していなければ、いつかは電源が切れてしまいます。

一度、充電切れしたからといって、この携帯は性能が悪い、ダメな携帯だ、とは考えませんよね。そして、まずは充電して電源を入れ、再び使える状態になってから、初めて充電が切れてしまった状況を確認するでしょう。

休養とは「ダラダラと時間を無駄にすること」でいいのです!

抑うつ症状への対応も同じです。原因を考える、自分を責める、という前に、まずは充電つまり治療を行い、体調を回復させることが先決です。人間にとっての充電の基本は、睡眠・休養と食事です。ですから①〜⑥の症状のうち、⑤、⑥が続けば、充電切れするのは必至です。

食欲がない、眠れない、という症状があるのに、「食べなければ」「寝なければ」と無理を要求しているわけではありません。無理に食事をすれば吐き気が強くなりがちです。まずは医療機関を受診し、食欲が出るよう、睡眠がとれるよう、一時的にでも薬を使うことも考えてみましょう。

充電できる状態が整わなければ、いつまでたってもエネルギー切れは続いてしまいます。

また「休養」は「ダラダラ過ごすこと」をイメージしてください。相談者の多くは、休日に体調が悪く、1日何もせずに過ごしてしまったときに「せっかくの休日をダラダラと過ごして、無駄な時間を過ごしてしまった、もったいないことをした」と後悔しています。

でも医学的な立場から見れば、「ダラダラ過ごせて正解です!」「いい充電ができましたね!」ということができます。

まだ十分に充電されていないのに張り切ってはダメ

また、充電切れが続くもう一つのパターンは、食事や睡眠・休養を取ることは心がけているけれど、少し回復すると、すぐにエネルギーを消費して元に戻ってしまうパターンです。

携帯の充電で言えば、10分くらい充電すると電源は入りますが、通話したらまた切れてしまいますね。そんなに焦らずしっかり充電してから使わないといけないことは誰でもわかっているはずです。

しかし、これと同じことが抑うつ症状の治療期間によく起きているのです。「今日は症状が少し落ち着いている」と感じると、休養より活動的に過ごすことが優先されてしまいます。そして当然ながらまたエネルギー切れで症状が出てしまうのですが、さらにそんな自身の状況を「また悪くなってしまった」「私の体はずっとこんな状態なのでは」とあれこれと悩んでしまいます。

携帯のように充電○％と表示されればわかりやすいのですが、残念ながらまだ自分のエネルギーを表示できる便利なグッズは存在しません。あくまで私の経験値ですが、症状が落ち着いた状態が２週間程度継続して、はじめて70～80％程度の充電ができたと考えましょう。

ちょっとした工夫で充電切れを防げる

そしてある程度回復したら、ここで初めて充電切れになってしまった原因を考えてみましょう。エネルギーを消耗する何か大きな出来事があったのであれば、「自分が思っている以上に消耗が大きいから、その分、休養もしっかり取ろう」と計画の立て方が変わってきます。大きな出来事がなくても、日々使うエネルギーが大きければ、「こまめな充電＝

休養が必要」と考えることができます。

携帯でも、調べてみたら思っていた以上に充電を消耗している機能やアプリがあって、それが分かれば、使い方を工夫しますよね。抑うつ症状との付き合い方は、症状を抑える薬を上手に使うことに加え、何より大事なのは、自分の体調やエネルギーの消耗と充電のバランスに「気づき」、ちょっとした使い方の見直し、工夫をすることで充電切れを起こさないようにすることです。何かすごい特効薬や裏ワザがあるわけでもありません。だからこそ、焦っても短期間には解決しないのですが、決して難しいことでもないのです。

2 心身症

心身症とは、体の不調で、その病状の悪化度や回復の遅れにストレスが影響しているものを示しています。先に説明したエネルギー切れの状態は、抑うつ症状を引き起こすだけとは限りません。何か持病があれば、エネルギー切れがその持病の悪化や回復に影響すると考えるとよいでしょう。

メンタル的なストレスが影響する

アトピー性皮膚炎を例に挙げて考えてみましょう。アトピー性皮膚炎はアレルギーの一種で、アレルギーの原因（アレルゲン）となる物質に体が反応して皮膚に炎症が起きるものです。アレルゲンへの接触が多くなれば症状は強く出やすく、少なければ落ち着く傾向があるのですが、それだけでは説明がつかないときもあります。

例えば、卵アレルギーがあり、食事に気をつけていれば、普段は皮膚炎が落ち着いているという人がいます。しかし、同じような食事をしていても、学校の試験期間になると湿疹やかゆみが強くなってしまいます。試験期間は睡眠不足になりがちと考え、睡眠時間をしっかりとってみても、やはり症状が強く出てしまう。そして、試験期間が終わると症状も落ち着きます。

どこまで身体的な疲労で、どこまでが精神的な疲労と分けて考えるのは難しいのですが、メンタル的なストレスが何等かの影響を及ぼしているのは間違いないでしょう。

ストレスが影響するからといって「気のせい」ではない

ストレスにより症状が左右されると、それは「気のせい」なのではないか、「気にすぎ」が原因ではないかと考える人がいますが、そうではありません。

アトピー性皮膚炎の例で言えば、この方に卵アレルギーがあることは医学的にも間違いのない事実で、気にするかどうかで解決できる問題ではないのです。気をつけなければならないのは、ストレスと因果関係があるため、「ストレスでこんな症状が出ている」「仕方のないこと」と考えてしまうことです。

ストレスに関係なく、もとの疾患の検査や治療をきちんと行っていることが大切です。なんでもストレスに結びつけてしまうと、適切な治療の機会を逃してしまうかもしれませんので、ご注意ください。

どの基礎疾患も病状が悪くなると、当然体はつらくなります。そのつらさがストレスとなり、さらに病状が悪くなるという悪循環に陥ります。アトピー性皮膚炎の例では、症状が悪化すれば主治医と相談し、飲み薬を使用し、塗り薬を調整し、適切な治療を受けることで、一時的な悪化に止め、早い回復につなげることができます。

心身症には多くの疾患が当てはまります。一部を以下に示します。

胃・十二指腸潰瘍、過敏性腸症候群、本態性高血圧、不整脈、気管支喘息、アトピー性皮膚炎、関節リウマチ、メニエール病、顎関節症、腰痛症、月経前症候群。

治療や対処法については、疾患ごとに異なるので、必要に応じてそれぞれの専門医療機関で相談しましょう。

3 燃え尽き症候群（バーンアウト）

看護師や教員、ヘルパー、客室乗務員など顧客にサービス（ヒューマンサービス）を提供する仕事に従事している人が、何らかのきっかけで急に意欲を失い、休職や離職をしてしまうケースがみられ、その落差がまるで「燃え尽きた」と表現できるとして、1980年にアメリカで名づけられた病気です。医学的には「うつ病」の一つと扱われることもあります。

「これで十分」と言いにくい仕事で起こりやすい

対象となる職業は先に挙げたものに限りません。ヒューマンサービスとよばれる仕事は、どこまでやっても「これで十分」と言いにくい仕事をイメージするとよいでしょう。お客様へのサービスを一つ対応しても、少し余裕があれば、もっとあんなことやこんなことができたのではないか、お客様のことを思えば、もっとおもてなしできたのではないか、と、上を目指せばキリがありません。

そんな仕事にやりがいを感じ、よりよいものを求め続けたときに、何らかの出来事をきっかけに燃え尽きてしまいます。具体的には、それまで誰よりも積極的に仕事に取り組んでいたのに、仕事と距離を置きたくなる、興味を持てなくなる、達成感を感じられなくなる、などです。

抑うつ状態のところで説明した単純なエネルギーの充電切れに加え、感情の充電切れを起こしている状態です。単純なエネルギー切れであれば、休養等により徐々に充電され回復するのですが、感情の充電は簡単にはいかないケースが多いことが特徴です。

エネルギーの回復を優先させる

万が一、このような状況に陥った場合は、症状と仕事との因果関係が明確なので、まずは仕事と距離を取り、単純なエネルギーの回復を優先させる必要があります。

この状態になる人の多くは、仕事に一生懸命すぎる人なので、仕事と距離を取ること、休むことに抵抗を感じてしまい、さらに状態を悪化させてしまいます。必要に応じて、周囲の人がアドバイスしてあげることで、早い治療に結びつけることができるかもしれません。

4 パニック症

突然強いストレスを覚え、動悸や息切れなどの身体症状と強い不安感、恐怖感に襲われる「パニック発作」が繰り返される状態です。発作が起きる状況は人それぞれで、強いストレスがかかったその場で起きるとは限りません。

仕事中ではなく、家でゆっくりくつろいでいるときに起きることもあれば、満員電車の中など苦手に感じる場面で発生することもあります。また、発作時の症状は前述の動悸、息切れに限らず、発汗、震え、めまい、自分で自分をコントロールできず「どうにかなってしまうのではないか」という恐怖感など人それぞれです。はたからみると、体に何が起こっているかわかりにくいので、理解されにくいことも特徴です。

身体的な検査をすることが大切

四六時中、発作を繰り返している状態でなければ、時々なら問題ないと周囲に受け止められることもあります。しかし、発作がない時でも、いつ発作が起きるかわからない、またあんな発作が起きたらつらくて怖い、という不安が常につきまとっていることがまたストレスとなってしまいます。発作の回数ではなく、それと常に隣り合わせの気持ちも症状の一つと考えましょう。

こんな状況にあるときも、必ず専門医療機関を受診し、発作が起きた際の対処方法、発作を減らせるような治療を相談しましょう。また、動悸や息切れ、めまいなど、パニック発作だと思っていたら、実際に心臓の病気が隠れているケースもあるので、精神的な問題と決めつけず、一度きちんと身体的な検査を実施してもらうことをおすすめします。

パニック発作はおかしなことではない

他の疾患同様、こんな症状が起きてしまう自分はおかしいのではないか、弱いのではないか、と考える人も多いようですが、そんなことはありません。人間には危険を察知して、それを回避する防御装置のようなものが備わっているのですが、パニック発作はその機能が誤作動している状態であり、このような症状が起きることは何ら不思議なことではないのです。

１９９９年のアメリカ映画「アナライズ・ミー」は、このパニック症を題材にしたコメディ映画です。このストーリーに出てくる治療方法はエンタテインメント向けに脚色され、時代も違うので実際と異なる点はありますが、精神的にタフなイメージのあるマフィアのボスでもこの病気に悩み、病気とうまく付き合っていこうとするというストーリーは病気を知るのにおススメです。当事者にしかわからないこの病気のつらさを、コメディを通して理解することができるでしょう。

執筆者一覧
（五十音順）

川上晃代（かわかみ・あきよ）……………………………………第6章
With You 代表。公認心理師・臨床心理士・CEAP・2級キャリアコンサルティング技能士。徳島大学にて職員相談室カウンセラー等を兼任後、2008年 現事務所設立。

高橋由紀子（たかはし・ゆきこ）……………………………………第7章
公認心理師、臨床心理士。広島大学大学院教育学研究科博士課程前期修了。西広島リハビリテーション病院、公立・私立学校、浅田病院等を経て、現在さくら心理事務所代表。

馬場洋介（ばば・ひろすけ）……………………………………第2章
帝京平成大学大学院臨床心理学研究科教授。公認心理師・臨床心理士・キャリアコンサルタント・中小企業診断士。日本キャリア・カウンセリング学会副会長。

東川麻子（ひがしかわ・あさこ）……………………………………第8章
株式会社ＯＨコンシェルジュ代表取締役。医学博士。産業医、労働衛生コンサルタント。日本産業衛生学会専門医・指導医。幅広い分野での産業医の経験がある。

廣川　進（ひろかわ・すすむ）……………………………………第1章・2章・7章
法政大学キャリアデザイン学部教授。公認心理師、臨床心理士、シニア産業カウンセラー、日本キャリア・カウンセリング学会会長。

藤里智子（ふじさと・ともこ）……第1章・7章

三菱マテリアル（株）カウンセラー。千葉大学看護学部卒業後、小学校の養護教諭、企業の保健師等を経て、臨床心理士・公認心理師・キャリアコンサルタントの資格を取得。

松井知子（まつい・ともこ）……第7章

博士（保健学）、公認心理師、元杏林大学保健学部教授。公衆衛生学分野で教育・研究に従事。現在、東京産業保健総合支援センター、企業、教育委員会等で心理相談業務に就く。

松浦真澄（まつうら・ますみ）……第3章・4章・5章

公認心理師、臨床心理士。民間EAPプロバイダ、都内の労働衛生機関等を経て、現在東京理科大学教養教育研究院准教授。専門分野は職場のメンタルヘルス対策など。

森崎美奈子（もりさき・みなこ）……第1章・2章

東京女子大学卒業。慶應義塾大学医学部、（株）東芝、ソニー（株）、帝京平成大学、京都文教大学を経て、現在（一社）日本産業心理職協会代表理事。臨床心理士、産業カウンセラー。

心理カウンセラーが教える
「がんばり過ぎて疲れてしまう」がラクになる本

発行日　2021年7月20日　第1刷

Author　廣川進　松浦真澄 編
Book Designer　石間淳（装丁）／小林祐司（本文・DTP）
Publication　株式会社ディスカヴァー・トゥエンティワン
〒102-0093　東京都千代田区平河町2-16-1 平河町森タワー 11F
TEL　03-3237-8321（代表）03-3237-8345（営業）／FAX　03-3237-8323
http://www.d21.co.jp

Publisher　谷口奈緒美
Editor　藤田浩芳

Store Sales Company
梅本翔太　飯田智樹　古矢薫　青木翔平　青木涼馬　越智佳南子　小山怜那　川本寛子　佐竹祐哉
佐藤淳基　副島杏南　竹内大貴　津野主揮　直林実咲　中西花　野村美空　廣内悠理　井澤徳子
藤井かおり　藤井多穂子　町田加奈子

Online Sales Company
三輪真也　榊原僚　佐藤昌幸　磯部隆　伊東佑真　大崎双葉　川島理　高橋雛乃　滝口景太郎
宮田有利子　八木眸　小田孝文　高原未来子　石橋佐知子

Product Company
大山聡子　大竹朝子　小関勝則　千葉正幸　原典宏　藤田浩芳　榎本明日香　王廳　小田木もも
倉田華　佐々木玲奈　佐藤サラ圭　志摩麻衣　杉田彰子　辰巳佳衣　谷中卓　橋本莉奈　牧野類
三谷祐一　元木優子　安永姫菜　山中麻吏　渡辺基志　安達正　小石亜季　伊藤香　葛目美枝子
鈴木洋子　畑野衣見

Business Solution Company
蛯原昇　志摩晃司　早水真吾　安永智洋　野﨑竜海　野中保奈美　野村美紀　羽地夕夏　林秀樹
三角真穂　南健一　松ノ下直輝　村尾純司

Ebook Company
松原史与志　中島俊平　越野志絵良　斎藤悠人　庄司知世　西川なつか　中澤泰宏　俵敬子

Corporate Design Group
大星多聞　堀部直人　村松伸哉　岡村浩明　井筒浩　井上竜之介　奥田千晶　田中亜紀　福永友紀
山田諭志　池田望　石光まゆ子　齋藤朋子　竹村あゆみ　福田章平　丸山香織　宮崎陽子　阿知波淳平
石川武蔵　岩城萌花　内堀瑞穂　大竹美和　小林雅治　関紗也乃　高田彩菜　巽菜香　田中真悠
田山礼真　玉井里奈　常角洋　永尾祐人　中島魁星　平池輝　星明里　松川実夏　水家彩花　森脇隆登

Proofreader　文字工房燦光
Printing　共同印刷株式会社

・定価はカバーに表示してあります。本書の無断転載・複写は、著作権法上での例外を除き禁じられています。
インターネット、モバイル等の電子メディアにおける無断転載ならびに第三者によるスキャンやデジタル化もこれに準じます。
・乱丁・落丁本はお取り替えいたしますので、小社「不良品交換係」まで着払いにてお送りください。
・本書へのご意見ご感想は下記からご送信いただけます。
http://www.d21.co.jp/inquiry/

ISBN978-4-7993-2765-4
© Akiyo Kawakami, Yukiko Takahashi, Hirosuke Baba, Asako Higashikawa, Susumu Hirokawa,
Tomoko Fujisato, Tomoko Matsui, Masumi Matsuura, Minako Morisaki, 2021, Printed in Japan.

Discover

人と組織の可能性を拓く
ディスカヴァー・トゥエンティワンからのご案内

本書のご感想をいただいた方に
うれしい特典をお届けします！

特典内容の確認・ご応募はこちらから

https://d21.co.jp/news/event/book-voice/

最後までお読みいただき、ありがとうございます。
本書を通して、何か発見はありましたか？
ぜひ、感想をお聞かせください。

いただいた感想は、著者と編集者が拝読します。

また、ご感想をくださった方には、お得な特典をお届けします。